中年危機

河合隼雄

JN031541

朝日文庫

本書は、一九九六年六月に朝日新聞社より刊行された
朝日文芸文庫『中年クライシス』を改題したものです。

中年危機●目次

はじめに

ここに中年の問題に焦点を当て、一章ごとにひとつの文学作品を取りあげて、それを通して論じることにした。中年は壮年とも言うことができるが、もっとも意気盛んで、問題のないときとも考えられるし、相当な危機にあるとも考えられる。このように相反する見方ができる時期だが、中年の危機が強調されるようになったのは、むしろ、最近のことである。それはどうしてなのか、そもそも中年をどう把《とら》えるのかについて少し考えてみることにしよう。

心理学では乳幼児心理学にはじまって、児童心理学、青年心理学がある。人間の成長について考えるのはここまで、ということであったが、最近になって老人問題が取りあげられるようになって、老年心理学も出てきた。しかし、現在の日本の大学で「中年心理学」の講義をしているところはないであろう。つまり、それまでの考えでは大人になると安定して変化もあまりないし、研究の対象にならないと考えられていたのである。

心理学で中年を大切に取りあげたのは、スイスの分析心理学者、C・G・ユングである。彼は自分のところに相談に来る人に、中年以後の人が多いと言っている。それに興味深いことに、彼のところに来る約三分の一の人は、一般的な意味で言うと、何の問題もない、むしろ「適応がよすぎることが問題」とでも言いたいほどであった、と言っている。そのような人は、財産、地位、家族などについては、問題がないどころか、むしろ他と比較すると、はるかに恵まれた状況にあった。しかし、彼らのすべてが「何かが足りない」と感じたり、「不可解な不安」に悩まされたりして、ユングのところを訪れたのである。

ユングはこのような人々に会い、また自分自身の体験をも踏まえ、中年において、人間は大切な人生の転換点を経験すると考えるようになった。彼は人生を前半と後半に分け、人生の前半が自我を確立し、社会的な地位を得て、結婚して子どもを育てるなどの課題を成し遂げるための時期とするならば、そのような一般的な尺度によって自分を位置づけた後に、自分の本来的なものは何なのか、自分は「どこから来て、どこに行くのか」という根源的な問いに答えを見いだそうと努めることによって、来るべき「死」をどのように受けいれるのか、という課題に取り組むべきである、と考えたのである。太陽が上昇から下降に向かうように、中年には転回点があるが、前述したような課題に取り組む姿勢をもつことにより、下降することによって上昇するという逆説を経験できる。しかし、そのような大きい転回を経験するためには、相当な危機を経なければならない、というわけである。

エレンベルガーという精神科医は、フロイトやユングなどの深層心理学者の人生を丹念に調べ、その結果、「創造の病《クリエーティブ・イルネス》」という考えを提唱した。つまり、偉大な創造的な仕事をした人は、中年において重い病的体験をし、それを克服した後に創造活動が展開される、というのである。フロイトは神経症症状に悩まされているし、ユングは精神病かと思われるほどの病的体験をしている。そのような病を克服しようとして、両者ともに自分の内界の探索を行い、そこで明らかになったことを基にして、彼らの理論をつくりあげていったのである。エレンベルガーの「創造の病」の考えは、他の学者によっても多くの跡づけがなされ、中年における身体的病気や思いがけぬ事件、などもそのような意味をもつことが明らかにされた。

本書においては、夏目漱石の作品を二つ取りあげているが、彼も典型的な創造の病を体験している。いわゆる「修善寺の大患」がそれで、胃潰瘍による大量の吐血によって、死に近い体験をするが、その後で彼の作風が大いに変化し、深いものとなったことは誰しも認めるところである。最後に取りあげる『道草』も晩年に書かれたものである。そこに語られる事実は、彼の「大患」以前の経験を素材としているが、創造の病を体験した後の彼の目でそれを見ているので、作品に深まりが生じているのである。フロイトやユングの場合は心の病であるのに対して、漱石の場合は身体の病であるが、その病の体験が彼のその後の創造活動のひとつの源泉となったのは疑いのないところであろう。

このような偉大な人に比べるとわれわれ凡人は別に大した「作品」を残すわけでもないのだが、人間誰しもそれぞれの個性をもち、他とは異なる人生を生きるという事実に注目すると、われわれにとっては、自分の人生そのものが「作品」であると言うこともできる。つまり、かけがえのないひとつの人生を、われわれは「つくり出す」のであり、そのような意味で、どのような人間であれ、「創造活動」にかかわっているると考えられる。そのように考えると、どのような人にとっても、「創造の病」にかかる可能性は高いわけである。

次に、現代に生きる中年にとって、大きい問題を生ぜしめるのは、平均寿命が長くなったという事実である。人生五十年などと言われていた頃には、一所懸命に働きづめに働いて、六十歳になるかならぬうちに疲れ果てて「お迎え」がくるというような、生まれてから死ぬまでが、一山越える形の軌跡をとったものだが、現代は平均寿命が長くなったので、八十歳くらいまで生きることになる。人間の人生を「効率」という点だけから見る考え方によると——そんな見方をする人が増えてきたように思うが——随分と効率が悪くなってしまってから、まだ大分長い人生を生きねばならない。それを今までどおりの「働け働け」や「効率主義」の考え方で生きることなど不可能である。老年になってくると、それまでの生き方とは異なる人生観や価値観をもって生きることが必要になる。それはつまりユングの言う「人生後半」の生き方を自分なりに見いださねばならぬことを意味しているが、それを行うためには中年からの心がけが大切である。このように考えると、これからの人生は、一山型のカーブではなく、双子型の山の軌跡をたどることになり、一回目の山を越え、二回目の山にとりかかろうとするあたりが中年に当たると考えられる。

中年の危機において、上述したような根源的問いかけに答えるというものではないにしても、何らかの転回を経験する例は多い。これらの多くの人は大なり小なり抑うつ症的な傾向に悩まされる。今まで面白かった仕事にまったく興味を失ってしまう。あるいは、何もする気がしなくなる。そして、重いときには自殺の可能性さえ出てくる。このような人が相談に来られると、その話に耳を傾けながら、その人がどのような転回を必要としているのかを明らかにしようと努める。ある人は仕事に極めて熱心で能力も高く、そのために認められて同僚の誰よりも早く課長になった。本人も喜んでいたが、そのうち仕事がさっぱり面白くなくなってきた。あまりにも無能力なのでこんなことでは会社に申し訳ないというので、課長をやめさせてくれと言ったが聞きいれてもらえない、死んだ方がましだとさえ思うようになった。

この人の話をじっくりと聴いていると、次のようなことが明らかになってきた。彼はそれまでは仕事がよくできるという場合、上から命令されたことをできる限り忠実にやり抜いてきたのである。その点では非常に有能であったが、課長になると自分が命令を与えねばならない。それに部下のなかにはあまり仕事熱心でないものや、お互いに反目し合っているものもいる。彼は自分の経験から、部下というものは命令さえ与えると、どんどんはたらくものだと思いこんでいたので、そのような部下たちをどのように扱い、どうまとめてゆくべきか、考えがつかない。つまり、それまでの彼の仕事とは仕事の次元が変わったのについてゆきかねるのである。そのようなことが話し合いのなかで明らかにされ、彼も自分の新しい仕事に対処してゆく方法をだんだんと見いだすことができるのに従って、抑うつ症から解放され、以前にも増して仕事に熱心に取り組めるようになった。

このようなのも中年の危機の一例である。ともかく、現在は社会の変化が激しいので、その変化についてゆくことができなくなるために、中年の危機を迎える人もある。職場のみならず、家庭においても、夫婦や親子の関係のあり方が以前とは異なってくるので、そのために適応に困難を生じることもある。何かひとつの考えや方法を確立して、それで一生押し通してゆくことはできず、どこかで何らかの転回を経験しなくてはならない。

以上のような中年の問題を踏まえながら、本書を書いたのであるが、そのなかで文学作品を取りあげたことについて一言述べておきたい。われわれのような職業のものは守秘義務があって、自分がお会いした人について詳しく一般公開の場で述べることは許されていない。そのために、ここに取りあげたような文学作品を通して語るという方法をとることになった。しかし、それは単純に小説を「利用して」語るというようなものではないことは、本文を読んでいただくとよくわかるであろう。文学作品は「利用」などできるものではない。時には自分の言いたいことに、そっくり利用できそうな作品もあるが、そのようなものは、あまり読んでいて感動が起こらない。おそらく、文学的にもあまり高いものではないのであろう。

本書を書くために、つぎつぎと小説を読んだが、何らかの意味で自分が感動しなかった作品は、それがどれほど論じるのに「便利」であっても取りあげないことにした。そして、やはり自分も動かされた作品に対しては、一般に言われているような意味での「分析」や「解釈」などできることではなく、それとの「格闘」が必要になってくる——実はそれこそが本当の「解釈」と思うのだが——。その結果がここに示されているのだが、やはり作品の性質や筆者自身の能力やらが作用して、そして感動の種類や程度などもからみ合って、それぞれが異なる色合いのものになっている。おそらく読者もそれを感じとられるであろう。

このようなわけで、これは文学の評論や書評でもないし、深層心理学のテキストに小説を利用したなどというものでもない。私が体験した——と言っても私のお会いしたたくさんの方々の体験もこめて——「中年」というものを背景にして、文学作品にぶつかっていった結果生まれてきたものである。読者がこれを手がかりとして、それぞれが自分の考えに従って文学作品を味わい、自分の人生について考えて下さることになれば、まことに幸いなことと思っている。

中年危機

第1章　人生の四季　夏目漱石『門』

崖の下の家

『門』の主人公は、宗助といい、妻の御米《およね》と一緒にひっそりと暮らしている。夫婦仲は良さそうだし、子どもはいないものの、何の問題もなく平穏にすごしているようである。ところで、彼ら夫婦の住んでいる家のことが次のように描かれている。

〈茶の間の襖《ふすま》を開けると、すぐ座敷である。南が玄関で塞《ふさ》がれているので、突き当りの障子が、日向《ひなた》から急に這入《はい》って来た眸《ひとみ》には、うそ寒く映った。其所《そこ》を開けると、廂《ひさし》に逼《せま》る様な勾配《こうばい》の崖《がけ》が、縁鼻《えんばな》から聳《そび》えているので、朝の内は当って然るべき筈の日も容易に影を落さない。崖には草が生えている。下からして一側《ひとかわ》も石で畳んでないから、何時《いつ》壊《くず》れるか分らない虞《おそれ》があるのだけれども、不思議にまだ壊れた事がないそうで、その為か家主も長い間昔のままにして放ってある〉

ある程度は間数《まかず》のある家だが、南が玄関で塞がれているうえに、座敷の縁鼻から庇に逼るほどの崖がある。その崖は「不思議にまだ壊れた事がないそう」だが、どうも壊れそうな感じを抱かせる。この「家」の描写は極めて象徴的である。大丈夫といえば大丈夫。しかし、ひょっとして大雨でも降れば崖が崩れてきて大変なことになるのではないか、というのが、「中年の家」のひとつの特徴なのではないだろうか。どこかに不安を潜在させているのだ。

『門』を読むと、宗助と御米という夫婦がそっと肩を寄せ合うようにして生きている姿が目に浮かぶような気さえする。ところが、平和なはずの夫婦の上に、何か暗い影がさしているのを感じる。読者はそれを何だろう、何だろうと感じながら読みすすんでゆくうちに、三分の二くらいのところに来て、はじめて重大な秘密を知らされるのだ。ここで暗い影の正体を知って、読者は「そうだったのか」と納得するのである。

御米はもともと宗助の友人の安井と結婚していた。宗助は友人を裏切り、御米は夫を裏切って、二人は結婚したのだ。二人は世間に顔向けができなかった。

当時のことを思い出して、宗助は次のように感じる。

〈凡てが生死《しょうし》の戦《たたかい》であった。青竹を炙《あぶ》って油を絞る程の苦しみであった。大風は突然不用意の二人を吹き倒したのである。二人が起き上がった時は何処も彼所《かしこ》も既に砂だ

らけであったのである。彼等は砂だらけになった自分達を認めた。けれども何時吹き倒されたかを知らなかった〉

〈曝露《ばくろ》の日がまともに彼等の眉間《みけん》を射たとき、彼等は既に徳義的に痙攣《けいれん》の苦痛を乗り切っていた。彼等は蒼白い額を素直に前に出して、其所に燄《ほのお》に似た烙印《やきいん》を受けた。そうして無形の鎖で繫がれたまま、手を携えて何処までも、一所に歩調を共にしなければならない事を見出した。彼等は親を棄てた。親類を棄てた。友達を棄てた。大きく云えば一般の社会を棄てた。もしくはそれ等から棄てられた〉

　このような過去を背負って、二人は暮らしている。「崖」はいつ崩れるとも知れない、という不安をかかえて生きているのだ。しかし、「町内に二十年も住んでいる八百屋の爺《おやじ》」などは「崖だけは大丈夫です。どんな事があったって壊《く》えっこはねえんだから」と力んで保証してくれる。いったいどちらが正しいのだろうか。

　中年の危機は思いがけないときにやってくる。同輩の誰よりも先に課長になり、出世頭と見られていたエリート社員が突然に自殺する。やっと新築の家ができて、皆から祝福されているとき、その家の主婦が抑うつ症になってしまう。事故、病気など、思いがけないことが、平穏であるべき中年を直撃するのである。私は職業上、そのような人や、その家族にお会いし、「中年の家」が崖の下に立っている姿を思い起こすのである。

潜在するX

『門』には、宗助と御米の仲の良い夫婦の姿が、実に巧みに描かれている。二人の間の会話に、互いを思いやる気持ちがよく出ているのだ。そこには西洋流の「愛し合う」という感じは見えないにしても、二人の絆の深さはよく感じられる。「夫婦は世の中の日の目を見ないものが、寒さに堪えかねて、抱き合って暖を取る様な具合に、御互同志を頼りとして暮らしていた」のである。

さきに述べた夫婦の「秘密」は、二人にとっての大変な重荷である。しかし、その重荷こそが、この二人を結びつけているものではなかろうか。もしこの重荷がなくて、宗助の弟の小六、それに叔父との遺産をめぐってのゴタゴタがあり、宗助が「崖の上の家」である坂井の結構な暮らしぶりに触れたりしていたら、この夫婦は「御互同志を頼りとして」仲良く暮らしていただろうか。おそらく、ここに描かれているような関係ではなく、二人の間はもっとギスギスとしたのではなかろうか。そうして、次のような話もすぐ可能なのである。

宗助と御米は平和な夫婦として暮らしている。そこへ無頼な男、安井が登場する。

御米は宗助の優しさより、荒々しい安井に惹《ひ》かれてゆく。悩んだ宗助は御米や安井と争うこともせず、禅寺に行って問題を解こうとするが、答えが見つかるはずがない。とうとう御米は宗助を棄て、安井と同棲するようになる。

つまり、宗助と御米との間の「過去」として述べられていることは、現在でもあるし未来でもあり得るのだ。それは中年の夫婦というものに常に「内在」しているテーマであり、いつどのような姿をとって現れてくるかわからないのである。すべての中年の夫婦にとって、「突然不用意の二人を吹き倒」す大風は、彼らの内に潜在しているのである。

宗助と御米は幸か不幸か、それを過去に体験したために、そのような大風の存在を自覚している。そのような自覚の苦しみが、二人の仲の良さを支えているのである。それは、本来的には常に内在しているものであって、過去、現在、未来のどこかの一点に生じてきて、それを原因とか結果に見たてて説明できるような類のものではない。自己の内部に内在する根源的な不安。その自覚によって生じる重苦しさを漱石は書こうとしていたのではなかろうか。したがって、「秘密」に関しては、ずっと後のほうになって述べることにしたのであろう。あの事件を「原因」とし、その結果としての宗助と御米の現在の夫婦生活がある、と読まれてはたまらないからであろう。

原因―結果という思考パターンを武器にして、多くの夫婦が争いを繰り返す。夫が酒を飲みすぎるから、家計を圧迫し家庭が暗くなってくる。だから子どもが非行になど走るのだ、と妻は主張する。あるいは、夫が妻に対して、お前があちこち出かけてゆくから、子どもはやる気をなくし、不登校になってしまう、と非難する。確かに、論理的に筋道が通っていて、夫の飲酒や妻の外出が、悪の原因であるように思われる。

ここで、片方が黙っておれば、論議には片がつく（多くの場合、事態は変わらないが）。しかし、片方も黙っていないとなると、「どうして俺が酒を飲むのかわかるか」とか「どうして私が外出ばかりするかご存じですか」とか、話が始まって、おそらく相手のほうが原因であるという論理が展開されるだろう。要するに、自分は悪くないが相手が悪い、とお互いに言いたいのである。勝負は、力の強いほうや声の大きいほうや、舌の回転の速いほうなどが勝つことによって終わる。しかし、問題は片づいていない。

問題は原因―結果などと、論理的、継時的な筋道によっては把握できないところに、その本質があることなのだ。夫婦になったというその途端に、そこに潜在するX。それが原因と言いたければ原因なのである。実のところ、それは永遠に不可知のことなのかもしれない。宗助と御米は、そのXの存在の片鱗を結婚前に知ったのである。

「彼等は蒼白い額を素直に前に出して、其所に燄に似た烙印を受けた。そうして無形の鎖で繋がれたまま、手を携えて何処までも、一所に歩調を共にしなければならない事を見出した」という文章は、少し言いかえて、「彼等は微笑を浮かべて前に出て、神父の祝福を受けた。そうして指輪を交換し、手を携えて何処までも、一所に歩調を共にして生きてゆくことを誓った」などと言うと、結婚式の描写にまるまる重なってゆくのである。それが夫婦というものなのである。結婚式はこのような二重性を背負って行われているのだ。

父母未生以前

先に引用した文の続きには、「彼等は親を棄てた。親類を棄てた。友達を棄てた。大きく云えば一般の社会を棄てた。もしくはそれ等から棄てられた」と文章が続く。これも全体の文脈のなかで暗いイメージを与えるが、多くの華々しいロマンチック・ラブにも、そのまま適用できる表現であることも知っていなくてはならない。つまり、「愛し合って」「祝福されて」はじまった新婚生活も、宗助と御米のテーマをそのときから内在させているのである。

彼らの場合は特別だが、一般的には、新婚の間からしばらくはそれに気づかず、中年になってはじめて、夫婦の間に存在するXに気づくのではなかろうか。そのXはいろいろな形で顕現してくる。夫婦のいずれかに愛する人ができてくる。病気、事故、災害、いろいろなことがある。現在において比較的多いのは、子どもの問題として露呈することであろう。それについてはいつか論じることになるだろうが、はじめは子どもの問題と思っていても、結局は夫婦の問題だと気づかされることは、あんがいに多いものだ。

ところで、宗助と御米は結婚したときから、Xの存在に気づいていたと言える。〈彼等は自己の心のある部分に、人に見えない結核性の恐ろしいものが潜んでいるのを、仄《ほの》かに自覚しながら、わざと知らぬ顔に互と向き合って年を過した〉が、知っていて知らぬ顔をすることは長続きしなかった。

宗助がなんとなくつき合いだした「崖の上の家」の坂井は、宗助を好いてくれ、宗助の弟の小六を書生においてやろう、などと言いだし、宗助は嬉しく思っていた。ところが、坂井は自分の弟が訪ねてくるので一度会ってみては、などと言い、その弟が安井という友人を連れてくると言って、宗助を驚かせる。偶然といえば偶然だが、あの安井が坂井の弟と知り合い、坂井を訪ねてくるというのである。〈偶然の度はあまりに甚だしかった。過去の痛恨を新にすべく、普通の人が滅多に出逢わないこの偶然に出逢うために、千百人のうちから撰《え》り出されなければならない程の人物であったかと思うと、宗助は苦しかった。又腹立たしかった〉

中年の危機は「偶然」によってやってくることも多い。宗助も「腹立たし」い思いをしているが、偶然を怒り、呪う人も多い。「どうしてこの俺が……」偶然に交通事故に遭ったのか。誰にもわかるはずのない悪事の現場を、どうして偶然に知人に見られてしまったのか。このような話はいっぱいある。それは確かに偶然である。しかし、その話を聞いている者には、「内的必然性」が感じられることが多い。その人は偶然に悪事がバレたと嘆いている。しかし、それは「見つかるべくして、見つかった」と言いたくなる感じがするのである。

宗助は遂に思い切って、禅寺を訪ねた。勤め先には十日間の休暇願を出して、わざわざ鎌倉まで、寺を訪ねてやってきたのである。宗助は老師に会い、「父母《ぶも》未生《みしよう》以前本来の面目は何だか、それを一つ考えて見たら善かろう」という公案をもらった。〈宗助は線香を持って、本堂の前を通って自分の室《へや》と極《きま》った六畳に這入って、ぼんやりして坐った。彼から云うと所謂《いわゆる》公案なるものの性質が、如何にも自分の現在と縁の遠い様な気がしてならなかった。自分は今腹痛で悩んでいる。その腹痛と言う訴を抱いて来てみると、豈計《あにはか》らんや、その対症療法として、むずかしい数学の問題を出して、まあこれでも考えたら可かろうと云われたと一般であった。考えろと云われれば、考えないでもないが、それは一応腹痛が治まってからの事でなくては無理であった〉

宗助はどうして禅寺まで行ったのだろうか。彼は自分の不安に耐えられなくなる、というよりは、何かにつけ不安定で、しかも、偶然の力にもてあそばれている自分を何とか救い出したかったのだ。自分を救うには「悟り」というものがあるのではなかろうか。

〈彼は悟という美名に欺かれて、彼の平生に似合わぬ冒険を試みようと企てたのである〉

しかし、彼の努力は実らなかった。「父母未生以前本来の面目」など、いくら考えてもわからないし、それはそもそも腹痛を治してほしがっている人に与えられた数学の難問のように思われた。宗助はとうとうあきらめて帰宅することにした。

〈彼自身は長く門外に佇《たたず》むべき運命をもって生れて来たものらしかった。(中略)彼は門を通る人ではなかった。又門を通らないで済む人でもなかった。要するに、彼は門の下に立ち竦《すく》んで、日の暮れるのを待つべき不幸な人であった〉

これは宗助のどうにもならぬ姿をよく描き出している。中年の門ということを考えると、すべての中年にとって、門はこのような性格を持っているのではなかろうか。

ところで、宗助はどうにもならないと思って帰宅したが、その後、なんとなくものごとが少しずつ好転して、「春の訪れ」を感じるようになる。これはどうしてだろう。

宗助は「父母未生以前本来の面目」という公案を与えられ、それを「数学の難問」のように思い、必死に考えたが答えを得られなかった。私は禅にはまったく無知なので、勝手なことを言わせていただくが、ここまでに書いてきたXというのは、まさに「父母未生以前本来の面目」ではなかろうか。それは夫婦の間にあると言ったが、夫婦のそれぞれが内にもっているものなのである。不徳義と知り、世間から棄てられると知りつつ、なお宗助をして友人を裏切り、御米と結ばれようとせしめたもの、二人を知らぬ間になぎ倒した大風を吹かせたもの、安井の影によっておびやかそうとするもの、それらこそ、「父母未生以前本来の面目」ではないだろうか。それは考えてわかるはずがない、今生きていることそのものなのではないだろうか。

「道は近きにあり、却ってこれを遠きに求むという言葉がある」と宗助に、ある禅僧が言っている。父母未生以前本来の面目を今生きている、と気がつけば鎌倉まで行く必要もなかったのではなかろうか。

中年の危機は思いがけなくやってくるが、それはまた思いがけなく解消してゆくときもある。といっても、何もせずにいるとよい、というものでもないが、宗助のように御米と相手を気遣いながら話をしたり、禅寺へ行ってみたり……ということをしているうちに、冬が終わると春が来るように、氷が自然にとけてゆくように、問題が消えてゆくのである。

安井にはうまく会わずに済んだ。小六は坂井のところに書生としておいてもらうことになり、叔父との間のごたごたも、なんとか落ち着きそうだ。それに月給も五円昇給した。

〈御米は障子の硝子《ガラス》に映る麗《うらら》かな日影をすかして見て、

「本当に難有《ありがた》いわね。漸くの事春になって」と云って、晴れ晴れしい眉を張った。宗助は縁に出て長く延びた爪を剪《き》りながら、

「うん、然し又じき冬になるよ」と答えて、下を向いたまま鋏《はさみ》を動かしていた〉

これが『門』の終わりである。中年は「春来りなば、春遠からじ」という言葉がある。これは若者の言葉だろう。中年は「冬来りなば、冬遠からじ」と思うのである。寒い冬も耐えていると春が来る。そして、やがて夏の盛りを迎えるのだ。というよ

うに順序立てて、自分をつくりあげてゆくのが、人生の前半の仕事である。しかし、後半に向かってゆくときは、「春来りなば、冬遠からじ」なのだ。そこでは自分の知っている「自分」を超えて、「父母未生以前本来の面目」が動きはじめるのだ。「父母未生以前本来」が動きはじめると、クライシスが来る。クライシスとは分岐点であるし、山の尾根のように空間を二つに割る線である。尾根のどちらに落ちてゆくかによって、まったく様相は変わってしまうだろう。人生の分かれ道なのである。「ああ、あのときにあいつに会わなかったら」とか、「あのときに判をつかなかったら」とかの嘆きは、クライシスに見舞われ、崖を転落した人からよく聞かされる。しかし、それは「失敗」などではない。「父母未生以前本来の面目」が、もう少しこちらを見ろ、と言っているのである。

「春来りなば、冬遠からじ」の心境で生きていると、冬のなかに春を見たり、春のなかに冬を見たりすることも可能になってくる。春夏秋冬がこのように順番にゆっくりと交代して現れ、春と夏や、夏と秋などが峻別できると思うのは、若者の考えである。冬のなかに春を見ることが上手になってこそ、中年の次にやってくる老年へとスムーズに入ってゆける。人生の冬のなかに生きつつ、そこに春夏秋冬を見ることができるので、老いが豊かになってくるのである。

宗助は、せっかく「門」を叩いたのだが、開けてもらえなかった。「門を通らないで済む人でもな」いと自覚しつつ、門を通れないし、「門の下に立ち竦んで」いるより仕方のない自分を見いだしたのである。しかし、中年の門というのは、こんなものではないだろうか。下手にさっと通れば「あちら」に行ってしまうのではなかろうか。すぐに「あちら」に行くことはないにしても、「老い」の世界に入ってしまうのではなかろうか。

門の下に立ち竦んで、何とかならぬものかといろいろやっていると、ジワジワと明るみが見えてくるのだ。

中年とは壮年だ。そんな暗い話はまったく話にならない、と言う人もあるだろう。それも結構だが、せっかくこの世に生まれてきて春だけ楽しむのも、もったいない話である。春夏秋冬をすべて味わうほうが面白いのではなかろうか。

（引用は、新潮文庫『門』から）

第2章　四十の惑い　山田太一『異人たちとの夏』

尾根を歩く

四十代は尾根に立っているようなものである。右か左に尾根から少しでも足を踏みはずすと大変なことになるし、右と左とでは、そこに見える景色もまったく異なるものになる。

四十歳という年の意味を考えるために、誰でもよく知っている、孔子の言葉を思い出してみよう。

三十にして立つ
四十にして惑わず
五十にして天命を知る

四十歳の前後、三十歳から五十歳にかけての言葉をこうして並べてみると、さすがは孔子様、すいすいと人生を生きていっている感じがする。しかし、よく考えてみると、これはなかなか「すいすい」とは言えないことであるとわかる。

三十にして「立つ」とは、自立したということか。だが、四十にして惑わずとわざわざ言ったのは、自立して以後、四十までは惑っていたということだ。自立して以後、何に惑っていたのだろう。ともかく、四十にして惑わなくなったのはいいとして、五十にして「天命を知る」ということは、それまでは天命を知らなかったということだ。惑わないと言いつつも、自分にとっての「天命」を知らずにいたわけである。それで本当に「惑わず」になどいられたのだろうか。

こんなことを考えていくと、「四十にして惑わず」というのは、絶対不動のものではなく、一応惑うことはないにしても、その基盤はそれほどしっかりはしていない。天命を知る人からは、何もわかっていないと言われそうだし、自立の勢いを最高と思っている人からは、何をうろちょろしていると言われそうである。それでも、「俺は惑ってなどいないのだ」と見えを張らざるをえないのが四十歳。このように考えると、四十歳の意味がわかるし、四十歳から五十歳に至る道の難しさもよく実感される。もっとも、このごろは人生が長くなっているので、五十歳を超えるあたりまでも、この範囲にいれておくほうが実情に合うだろう。

四十代の惑いは、「三十にして立つ」までのふらつきとは異なるものである。その差は、前者の場合はその背後に「天命」がからんでいる、ということであろう。三十のときの「自立」は、この世に立つのであって、天命のことなど知っちゃいないのである（二十代で天命のことに触れかかると、自立が難しくなる）。天命についてはここでは深く言及しないが、こうした意味あいにおける四十の惑いを実に的確に描いた作品として、山田太一の『異人たちとの夏』を取りあげる。

　主人公は四十七歳で、テレビドラマの脚本家である。作品は一人称で語られているが、原田という名なので、ここでは原田と呼ぶことにしよう。彼は妻子と別れ、マンションの七階にある仕事場に一人で住んでいるという状況から、話が始まる。そのマンションは、事務所として使われている部屋が多いので、夜になると自分がただ一人、マンションに住んでいることに原田は気づく。人間関係がわずらわしくて、離婚して一人になり、やれやれと思っていたのに、夜中に一人だけでは「静かすぎる」と感じてしまう。

　土から離れ、家から離れてただ一人。このような孤独は、現代の中年が多く味わっているのではなかろうか。たとえ毎日地面の上を歩き、毎日家族と共に暮らしているとしても、実情としてはそうではないだろうか。男であれ、女であれ、このような孤独を知らない人は、現代に生きている中年とはいえないのではなかろうか。もちろん、いつもいつもそうだというのではない。そのような孤独を実感するときがある、といっているのである。主人公の原田は、したがって、特殊な状況のなかにいるようではあるが、考えてみると、ごく普遍的な現代の中年の姿を示しているのである。

人間というものは勝手なものである。人間関係がわずらわしいから一人になりたい、などと言っていても、いざ一人になると孤独に悩むことになる。そんな寂しさを味わっている原田のところに、それまでよく一緒に仕事をしたことのあるテレビ局のプロデューサーの間宮が訪ねてくる。原田は「なつかしい」と感じながら会うが、まったく思いがけないことに、間宮は原田の別れた妻の綾子に「接近したい」から、それを断りに来たという。原田は感情の荒れ狂うのを感じながらも、言葉は反対に冷静になり、帰っていく間宮に「成功を祈るよ」などと言ってしまう。

これも現代中年者の悲劇である。感情を爆発させてしまったら、中年の分別が壊れて、あとで強い自己嫌悪に陥るだろう。さりとて、感情を何も表さずに、原田のようにやっていると、その影響は思いがけないところに出てくる。原田のように、間宮の帰ったあとにやってきた女性にお門《かど》違いの意地悪をしたり、あるいは心身症のような症状に苦しめられたりする。感情を適切に表現することは、現代の中年者に課せられた実に難しい課題である。

訪れる女性

ともかく間宮は帰り、夜の十時過ぎ、むしゃくしゃしている原田のところに、思いがけぬ来訪者があった。実はマンションに住んでいるのは原田だけではなく、三階に住んでいる三十代の女性——のちに自らケイと名乗った——がいた。一人でシャンペンを飲みかけたが飲みきれないので、とやってきたのである。「女は美しくないこともなかった」。夜十時過ぎに美女が飲みかけのシャンペンをもってやってくる。これを「鴨ねぎ」と感じて喜ぶのは若者で、中年になるとそう簡単に話が運ばない。もっとも暦年齢は中年でも精神年齢は若者という人もあって一概にいえないが、そこに生じるのは若者の物語で、中年のそれではない。

中年の感情は屈折して、テンポが遅れたり、方向がずれたりする。本来なら間宮や別れた妻に向かうべき怒りが、無実のケイに向けられ、原田はケイを意地悪く拒否してしまう。もし、これが彼女の来訪が先で、間宮の訪問が翌日ということだったら、どうなっていただろうなどといっても始まらない。そこには、人間の知恵を超えたものがはたらいているのである。「天命を知る」ためには、不可思議な現象のなかに投げ出されねばならないのである。

一人になって人恋しくなりかけたときにやってきた間宮も女性も拒絶したために、原田の孤独の次元はもうひとつ深くなる。そのような深い孤独が、中年にはやってくる。あるいは、必要なのである。そのような次元の深い孤独を味わってはじめて、のちに原田がするような深い体験が生じるのである。

それについてはあとで述べるとして、ここで少し自分のほうから「訪れる女性」のイメージについて触れておく。周知の『夕鶴』の話のように、日本の昔話には、女性のほうから積極的に男を訪ねてきたり、プロポーズしたりして結ばれるが、のちには女性が消え去ってしまうというパターンが非常に多い。それが日本人の心性の理解にどれほど重要なことであるかは、すでに他で論じた（拙著『昔話と日本人の心』岩波書店刊）ので、ここは省略しておくが、この話にも、女性のほうからの積極的な訪問と、彼女がのちに消え去る、というテーマが認められるのは興味深い。この「消え去る女性」のイメージは、日本の近代文学のなかにも、多く認められるといっていいだろう。

女性のほうが積極的な話が日本になぜ多いかについて、私は次のようなことも考えている。欧米人が、まず自我を確立して自己主張していくという方法をとるのと異なり、日本では、自分の周囲の考えなどを受け入れつつ自分をつくっていくという方法がとられる。日本人は、まず自己主張をするよりも、他を取り入れるというパターンを身につけている。そこで、主体であるところの人間（男性）は、外界から来た客体（女性）の積極的な行為にあわせて、あるいはそれを受け入れて、行動したように意識したり、実際にそのような「形」をとるほうを好んだりするのではなかろうか。

　もっとも、現在は中年の男性がオフィス・ラブなどで積極的に行動している、と言う人があるかもしれない。しかし、真に積極的というときは明確な責任感を伴うわけで、そうでないときは、積極的ではなく無責任というべきである。無責任になると誰でも何でもしやすくなるのは当然である。

故郷への回帰

　孤独が深まったところで、原田は町を歩いていて急に「浅草」に行きたくなった。浅草は原田の生地である。これは、よくあることだ。孤独の次元が深くなると、誰しも意識的・無意識的に自分の故郷《ふるさと》（必ずしも生地とは限らない、心の故郷）に回帰したくなる。そして原田は浅草で、自分の両親に出会うのだ。両親は、彼が十二歳のときにすでに亡くなっているというのに！

　原田もはじめは半信半疑だった。彼の両親は交通事故で、父親三十九歳、母親三十五歳のときに亡くなっていた。「両親」はその年齢のままで出てきたのだから、四十八歳（この日が誕生日だった）の原田としては変な感じなのだが、やはりまぎれもなく親であり、彼らは何の疑いもなく「親」としてふるまった。だいたい口のきき方がそうだった。年下の「父親」が原田に偉そうな口をきき、缶ビールを買ったときなど、「つめてェから、ハンカチかなんかで持ってろ」と言い、自分のほうは「俺は平気だよ」とそのままで持っている。原田は変だなと思うのだが、「喜びがこみ上げて」くるのを感じるのだ。

母親のほうも負けてはいない。四十八歳の原田を子ども扱いして、「このタオルを前へ敷いて。こぼすから敷くの」などと言う。あげくには、「ほら、こぼした。いってるそばから、こぼしてるじゃないの」とまで言うのだが、原田は彼らと別れてから、その言葉をひとつひとつ思い出し、「なにもかもが甘美」に感じられて、何度も反芻するのである。

漱石の『門』には「父母未生以前本来の面目」という言葉があった。それをわかりにくいと思う人でも「父母既死以後の親子関係」の大切さは納得がいきやすいのではなかろうか。親が死んだからといっても、その「関係」が消滅したりはしない。それは意外に続いており、しかも、変化していくのである。中年になってから、すでに亡くなった両親と自分との「関係」が変化するのを感じる人は多いのではなかろうか。

両親の保護を受けず、経済的に独立し、結婚して子どもを育てる。これは三十歳の「自立」である。このような一応の自立のあとで、人間はそれほど自立しているものではないことを、中年になると自覚してくる。そして、先に述べたような深い孤独の体験とともに、いろいろな「関係」の見直しを迫られる。こんなときに、まったく忘れていた両親との関係などが生き生きと思い出されるのである。果たして、それは「記憶」なのか、今「再現」されているのか、あるいは、今そこで新たに生じていることとなのかわからないほど、それはヴィヴィッドな体験として生じるのである。

ずっと以前に私のところに来談された方で、幼少時に母親を失い、ずいぶんと苦労して生き抜いてきた人があった。努力の結果、社会的にも認められ、収入も多くなり、自由な生活を楽しんでいた。中年にさしかかるところで、抑うつ症になり、仕事をする意欲をまったく失って来談された。心理療法の経過のなかで、心の深部への下降がはじまり、苦しみは増すばかり、ついに自殺を決意する。いざ死ぬというときになって、自分が幼少のころに、いかに父母が自分を大切にしてかわいがってくれたかを思い起こさせる光景が、まるで走馬灯を見るように見えたという。まったく忘れ去っていた記憶だったが、事実を思い出すというのではなく、光景がありありと見えたと言われたのが印象的であった。

この経験によって、その人は自殺を思いとどまり、新たな人生に向かって——といっても決して容易ではなかったが——生きていく力を得たのである。その人がそれまで「自立的」に生きてきたのとは、次元の異なる生き方が、中年になって必要となり、そのために私のところに来談する契機として、抑うつ症という症状が発生したのである。

原田は十二歳で両親を失って以来、「ほとんど泣いたことがない」という。「自立的」に頑張ってきたのだ。しかし浅草を歩いて、「両親といた頃を強く甦《よみが》えらせるなにかにぶつかったりしたら一瞬のうちに身につけている鎧《よろい》の糸という糸がちぎれて、素裸になり、みすぼらしくただ泣き崩れてしまいそうな気がした」。

鎧を身につけ、泣かずに頑張るのは、本当の強さではない。本当に強くなるためには、鎧をぬぐ必要があるし、それを可能にするためには、心の故郷への回帰を必要とするのである。

多層的な現実

両親との接触によって元気になった原田のところに、例の女性がやってくるようになる。今度は彼も拒否することなく、性的な関係も生じる。ただ女性は、胸をひどく火傷《やけど》しているので、とその部分を隠し、そこを絶対に見ないようにと原田に約束させ、原田はその約束を守る。

孤独なはずの原田は、離婚後すぐに、かつて経験したことのないような「人間関係」をもつことになった。彼は一人ではなくなった。もちろん、離婚以前にも彼には人間関係はあった。家族があったし、仕事づきあいの人たちもいた。しかし考えてみると、その関係の濃さは、まったく異なるものであった。両親との関係も、今あらたに始まったケイとの関係も、非常に深いものがあった。それに支えられたのか、原田の創作力は飛躍的に上がり、新しく取りかかったドラマの一回目の脚本百六十五枚を、三日で書いてしまった。「めったにない早さだった」。

一方で、両親のことは「幻覚」ではないのかと、原田は思い悩む。死んだ両親がそのときのままで出てくるなど考えられないことだ。それが「現実」であるかどうかを試すために原田は苦労する。自分が今まで知らなかった花札のやり方を両親のところで習ってきて、家に帰ってから、そのルールが正しいかどうかを百科事典で確かめてみた。それは、まったく正しかった。自分の知らないことを自分で作り出したりできるはずはないから、あれはやっぱり「現実」だったのだろうか、と彼は考える。それにしても、常識で考えるとありえないことだ。

原田が困っているのは、「現実」という唯一の正しいものがあると思っているためである。人間は近代になって、とくに科学技術が発展して以来、このような誤りを犯すようになってきたらしい。科学の対象としている現実はひとつであっても、現実そのものはもっと多層的であり、そこに唯一の正しい現実があるのではない。その多層的な現実をどのように知り、どう折り合いをつけるかという困難な仕事をするのが、中年なのである。ここのところがうまくいかないと、青年のままで年をとるので、老いや死を迎えるのが、大変なことになってくる。

何を言っているのか、自分より年の若い親などいるものかと思う人でも、夜になると自分より年下の「ママ」のところに通い、昼間の現実では味わえない人間関係を体験し、明日の仕事の支えにしている人はたくさんいる。「胸の内」を隠すことを条件にして、愛する異性とつきあっている人も多くいることだろう。ときには勢いが高じて、禁止を破って「胸襟を開いた」ために、関係が破壊される例も、いくらでもあげることができる。

現実か幻覚かなどということにこだわらなくとも、ともかく原田が両親やケイとの関係をもつことが、普通の現実に作用を及ぼしていることは現実のことである。その一は、すでに述べたように、原田の創作力がすごく高まっている。その二は、はじめは原田は意識していなかったが、彼の身体の衰弱が甚だしいことである。深層の現実との接触は、表層の現実に次元の異なるプラスとマイナスの効果を及ぼしてくる。

さらに、深層の現実内にも葛藤があった。ケイは、原田が両親と接触することが衰弱の原因であるとして、両親と別れろと言う。男女という横軸の関係は、親子という縦軸の関係と十字に切り結ぶ。それに原田はケイに言われてみて、それまでは自分が衰弱しているという自覚がなかったのに、急に自分が衰えていることを意識した。

ケイは原田に抱きついて、「助けて。この人を助けて」と叫んだ。彼女は多分、無信仰なのだろう。しかし、「なにものかに祈っていた」のである。泣いて願っているケイを見て、原田は「突然、こみ上げるようにケイへの愛を感じ」強く抱きしめた。このような愛を原田は今まで経験しただろうか。「なにものかへの祈り」を背景にしてこそ、人と人とが愛し合える。このような「現実」を原田は体験した。しかし何事であれ、よいことには犠牲が必要である。原田は両親と別れることを決意する。

原田は思い切って両親に別れたいと言った。父も母も悲しそうだったが、それを受け入れた。母は「このままやって行けるわけはないと思っていたのよ」と言った。三人は最後にすき焼きを食べに行くが、途中で父母ともにだんだんと薄くなって消えていく。原田は「ありがとう。どうも、ありがとう。ありがとうございました」と、去っていく両親に感謝の気持ちを伝える。

両親にはっきりと別れを告げ、感謝の気持ちを伝える。このことを両親が生きているうちにできた人は幸いである。しかし、できなかった人も、死後何年も経てから、原田のようにそれができるチャンスはあるのだ。悲しい別れであったが、それは必要なことであった。

どうかしていたのか?

原田は両親と別れても衰弱が止まらず、訪ねてきた間宮に思いがけないことを聞かされた。ケイは、実は原田を最初に訪ねて断られた夜、胸を七カ所も突いて自殺していたというのだ。つまり、ケイも異界の人だったのである。

原田が間宮に連れられてマンションの外に出ようとするところに、ケイが来た。彼女は怒っていた。シャンペンの夜のことを覚えているかと言い、原田を道連れにしようとした。しかし、原田の心がすでにケイから離れてしまっているので、それは不可能だった。「下らない生命《いのち》を大事にしたらいい」と言って、ケイは消えていった。

『夕鶴』では、つまり日本の古来の話では、訪ねてきた女性の意のままに男は結ばれ、続いて、男は女の禁止を破り、女は怒りもせずに消え去っていく。それに比べると、この話では、テーマはよく似ているが、男性ははじめに女性を拒否し、続いて、二人は結ばれるが、男は禁止を破らず、ただ心が離れたために女性は消えていくが、そこには女性の怒りが表明される。日本の伝統のなかに生きているが、男も女も少し強くなったのである。男は女性の意志にすぐ従うことはなくなったし、禁止も破らなくなった。それだけ自分の意志が強くなったのである。女は「怒り」をはっきりと表明する強さをもつようになった。

しかし、結局のところ、ケイは消えていった。男性と女性が真正面から向き合って関係をつくりあげるのは、極めて難しいことだ。

シャンペンの夜に男が女の意に従っていたら、必ず『夕鶴』と同じようなことがどこかで生じただろう。それでは、もし原田が、間宮からケイの正体についての説明を聞いてもなお、ケイと心がつながったままでいたらどうだったろう。それは明らかに命にかかわることである。ケイと原田は結ばれるが、原田は命を失うことになったかもしれない。

このように考えると、間宮は原田の分身であることがわかってくる。間宮は原田の妻子とともに家族関係を続けていく、表層の現実に忠実な生き方を代表している。その間宮の現実性が、原田の命を救ったともいえる。しかし、原田が父母やケイと体験した「現実」のほうから見れば、間宮の生き方はあまりにも「どうかしている」と言いたくなるものではなかろうか。しかし実際には、間宮が原田に「どうかしていたんだ」と言い、それでも原田は、それに逆らわなかった。しかし、心の底では「どうかしていたなどとは思っていない」。彼は「さようなら、父よ母よケイよ。どうもありがとう」と心のなかでつぶやいている。「あなた、どうかしてたんでしょう」と家族や同僚などから言われ、何か言いたい気持ちもありながら、ただ黙ってそれに従っているより仕方のないような状況に追いこまれた中年の人は、ずいぶんいるのではないか。一般には表層の現実の重みが非常に強いので、黙っているのがいちばん賢明であろう。しかし、そのとき心のなかで、誰かに「ありがとう」と言えるような体験をした人は、惑いを通じて少し「天命を知る」ほうに近づくことができたといえるのではなかろうか。

間宮は原田の分身だと言った。おそらく、その中間に細い尾根があり、その道を歩いていくのが中年といっていいだろう。しかし、人生は未踏峰に登るようなものだから、道に迷って、尾根から少し足を踏みはずしたりもするだろう。右に入りこんだり、左に落ちこんだり、右を見たり左を見たりして歩き続けるのが中年であるといえるし、惑うことにも深い意味があると思われるのである。

（引用は、新潮文庫『異人たちとの夏』から）

第3章　入り口に立つ　広津和郎『神経病時代』

押し寄せる憂うつ

中年といっても期間は長い。その入り口と出口とでは、だいぶ味が異なる。といっても「第1章　人生の四季」で述べたように、心の持ち方によってそれはさまざまに変化するものだが、やはり一般的な傾向というのはある。ここでは中年の入り口に立たされた状況をうまく描いたものとして、広津和郎の『神経病時代』を取りあげることにした。これは一九一七年の作で、相当に古いものだが、細部においては時代差について考えねばならないにしても、その本質は変わっていないと言っていいだろう。現代人にとっても、ずいぶんと考えさせられる点を提示する作品である。ある程度、話の筋を紹介しながら、これを素材として考えてゆくことにしよう。『神経病時代』の冒頭には、次のように語られている。

〈若い新聞記者の鈴本定吉は近頃憂鬱に苦しめられ始めた。その憂鬱が彼にはいろいろの方面から一時に押し寄せて来るように思われた。彼には周囲の何も彼もがつまらなくて、淋しくて、味気なくて、苦しかった〉

主人公の鈴本には「いろいろの方面から一時に」憂うつの種が押し寄せてくる。家庭、職場、友人関係、すべてがそうなるのである。まず、彼の職場のことが語られる。彼はある新聞社の社会部の編集見習である。あちこちからかかってくる電話を聞くのだけでも憂うつだ。聞こえにくいのを必死になって聞きとり、記事にしなくてはならない。考えに考えて書いた八行の記事を部長は二行にせよと言う。何とか苦労して「どうしても五行より縮まりませんが」と提出すると部長は、あっというまに文章をけずりとって二行にしてしまう。しかし、そうなると鈴本の意図などまったく消え去ってしまうのだ。

昼食時の雑談も憂うつの種だ。「雑談は先ず食物から始まって、次に女の話に移り、それから金や貧乏の事になって行く」。毎日毎日が同じことの繰り返しだ。鈴本はこんな生活は自分に合わないと思う。彼はどこか田舎に行きたいと思う。静かなところで「トルストイを読もう。自分はやっぱり一番トルストイから教えられる……」と彼は腹のなかで呟《つぶや》くのだ。見習の仕事はいろいろあって忙しい。給仕たちに命令したり、やかましいとか言ったりしたいのだが、「物を命令すると云うような力は、生来彼に欠けているものの如く見える」のである。

家庭も憂うつの種に事欠かない。彼は「今から半年ほど前に一人の若い女と同棲した。同棲前に彼と彼女との間には既に一人の男の子が生れていた」。鈴本は他の少女に恋をして打ち明ける勇気がなく悶々としている間に、彼の妻になった女性が現れ、彼女の積極性に引っ張られて同棲してしまったのだ。彼は今になって自分があまりに受け身であったことを悔やんでいるが、どうしようもない。

家庭ではどうしても妻のよし子に言いまくられる。「あなた位何を云っても張合のない人はありませんね。あなたのお顔を御覧なさい、まあ意気地のない顔をして、年百年中、ちっとも表情に変化がなくて、ただ弱々しくニタニタ笑っていて……」。鈴本はどうしても妻には勝てない。妻の怒りが頂点に達しそうなところで、それは急に方向を転じ、男女の肉体的な結合によって、けりをつけることになる。

身体の結合が争いのけりをつけてくれるのは、中年も初めのころではなかろうか。ともかく、夫婦はそこに「関係」の存在を確認し合うことによって、何らかの平安を見いだせるのである。中年も後半になってきて、このような方策が機能しなくなってくると、夫婦の不和に深刻味を加えてくるが、それはまた後の話である。

交友関係でも、鈴本は憂うつになることが多かった。以前から交際のある連中とカッフェに行き雑談する。そのなかには、まだ青年のままでいる者もいた。「芸術」に心を惹《ひ》かれている者。目下、恋愛中の者。それらのなかで鈴本は「総ての事に対して対手《あいて》の優勢を直ぐ感じた。そして小さな反省が始終彼を悩ました」。彼はくよくよと考え、皆の話に加わらず、反省の渦のなかに巻きこまれ、沈みこんでゆくのである。カッフェを出るときになって、「定吉は自分の口から、『勘定は僕が払おう』と云う言葉が突然出たので、自分ながら吃驚した。何のつもりでそんな事を云ったろう?」といぶかりながら、そして自分の持ち金について腹のうちで計算したりしながら、ボーイの持ってきた勘定書をひったくるように取って、微笑さえ作りながら払ってしまう。このこともまた、彼にとって憂うつの種になる。

　家庭、職場、交友、何をとりあげても、憂うつであった。それはまさに「いろいろの方面から一時に押し寄せて来るように思われた」のである。

　中年の入り口で、このような憂うつに襲われる人がある。なかには、抑うつ症という神経症の症状をもって、心理療法家を訪れる人もある。もちろん、これとは逆に、中年の入り口に勇気凜々《りんりん》として立つタイプの人もある。いったいこれは、どうしてなのだろう。

さらば青年期

人生には何度かの転回点がある。小さいのもあれば大きいのもある。思春期などはその最たるもので、ここを越すのは誰にとっても大変である。それを越えて「大人」になる。といっても、現代では身体的に大人になっても、それは必ずしも社会的に大人になったことを意味しないから、問題は複雑である。非近代社会においては通過儀礼《イニシエーション・ライト》というものがあって、儀礼を通して一挙に「大人」になるのだから問題はない。しかし、近代以降は、いったい、どこからどの程度に大人になるのか不明なのである。

このために、四十歳になっても五十歳になっても大人にならない「永遠の少年」などというのも出現してくるのである。『神経病時代』に出てくる遠山という男は、その典型である。彼は学生時代は酒ばかり飲んで、とうとう卒業できなかった。結婚して子どもが二人もあるのに、なかなか定職につかず、「俺は女房の着物をみんな質に叩き込んで、酒を飲んでしまった。俺は女房の鏡台までも飲んでしまった」という次第。それでも彼は、「働こうと思えば俺は何でも出来る男なんだ。俺が今まで働かなかったのは、俺のたましいが大切だったからだ」と意気軒昂である。

このような遠山の妻はどんな人であろうか。

〈彼女は実際柔順な女であった。まるで裏長屋のようなところに入って、二人の子供を抱えて、極端に窮迫した生活をしていながら、嘗《かつ》て不平らしい表情を顔に浮べていたのを、定吉は見た事がなかった。いつでも夫に対して素直にかしずいていた。子供たちをやさしく育てていた。その立居振舞に、いつでも礼儀作法を忘れなかった〉

遠山は自分の妻のことを「クインのように寛闊な心を持っている」と評しているが、彼らはまったくそのとおり、女王と皇太子、という対《ペア》なのである。永遠の少年は「グレートマザー（太母）」という後ろ盾を必要とし、また、そのような母親との結びつきのために、大人になることを止められているのである。

このような母―息子関係を基盤とする夫婦のあり方は、大なり小なり日本人夫婦に認められるところである。かつては、それがひとつの理想像のように感じられたことさえあった。しかし、男性が自立を考え、女性が自立を考えはじめると、この型は通用しない。どちらもが、相手を自分の「自立」を阻む邪魔ものと感じるのではなかろうか。遠山の細君の姿としてここに描かれている女性像を、今でも妻の理想像として考えている人もあるだろうが、現在ではあまり通用しないのではなかろうか。あるいは中年の中ごろまではそれでよいとして、後になって相当に苦しまねばならないのではなかろうか。

別に「自立」がいちばんよいというわけでもないし、いろいろな理想像や型があるのだから、どれといって限定する必要もないが、どんな理想像を描くにしろ、それは唯一のものではないし、それはそれなりの陰の部分をもっていることは認識している必要があるだろう。そのような「分別」をもつことが、中年の特徴のひとつかもしれない。

遠山は「たましいが大切だったから」仕事をしなかったと言っている。彼は何とかして素晴らしい芸術作品を生み出すのだと言うが、なかなか実情はほど遠いものである。人間のたましいは、そんなに単純なものではない。それはともかくとして、青年期は外的な現実というものにぶつからないままで、それなりの理想像を心に持つものである。鈴本定吉は「田舎へ行ってトルストイを読みたい」と思うが、そのときは妻子のことを無視して考えている。つまり、現実というものを忘れているのだ。

中年はそのような青年期の甘さと、おさらばしなくてはならない。現実は思いのほか、重みをもっている。それが一挙に押し寄せてくると、鈴本のように憂うつにならざるを得ない。彼は心のなかで何度も、「これが生活か！」と言っている。そのとおり、「生活」の重荷がずっしりとかかってくるのが中年である。

中年の入り口に立って、大いに張り切っている人もいる。そのような人は、青年期のときから「現実」について割に知っていて、それに立ち向かってゆく術《すべ》を相当に知っている人である。そのような人は、現実処理の能力を十分に発揮してゆくだろう。彼にとって「生活」は活躍の場となり、中年というよりは壮年という言葉のほうがピッタリと感じられるだろう。このような人は、中年の後期になって「老い」が見えだしてくるころに、大切な転回点を迎えることになる。それまでバリバリやっていた人が出世した途端に抑うつ症になることなどは、その類《たぐい》である。このことについては、「はじめに」のところで少し触れておいたが、ここでは鈴本定吉の例に戻って考えることにしよう。

鈴本は青年期から中年に至る入り口に立って、青年期のほうに心残りがあるので、憂うつに襲われるのである。さりとて、青年期の理想を棄ててしまったのでは、その中年はあまりに味気ないものになろうし、「現実」の奴隷となることによって問題が解決したりするはずがない。それは一時的な平安を生み出すだけのことであろう。ある夜、仲間とカッフェで飲んだ帰途、鈴本は遠山と二人になった。そこで遠山は急に鈴本に「ロオウェスト・パラダイス」（遊廓のことを遠山はこう呼んでいる）に行こうと誘う。鈴本が嫌だと言うと遠山は、「俺が貴様のような人間は懲らしめてやる!」と叫んだかと思うと、鈴本の持っていたステッキを引ったくって振り上げる。鈴本は「あれ!」と心のなかで叫んで逃げ出してしまう。それ以後は、ちょっとしたことにも、「あっ!」と叫びそうになるような恐怖反応におびやかされることになる。鈴本にとって外界は恐怖に満ちたものに感じられてきたのである。

暴力の意識化

会社では、鈴本の書いた記事に対して社長が腹を立て怒鳴り立てる。社長にペコペコとあやまったものの、そのうちに「定吉の心にはいつになく怒りが萌《きざ》して来た。(中略)鉄面皮と偽と詐欺とで出来上っている」会社に腹が立ってきた。そのうちに、給仕までが彼を馬鹿にするので、一番年上の生意気盛りの給仕に対して腹を立て、「呼んだのが貴様には聞えないのか!」と怒鳴ってしまった。そのうえ、「はっと気がついた時には、彼の掌がその給仕の横面を力委せに一つ撲っていた」のだ。

鈴本は自分でもわけがわからず、羞恥と自己哀憐の感情を味わった。彼は「自分の身内にこんな狂暴力がひそんでいようとは夢にも思わなかった」。だが、彼の反省にもかかわらず、結果はそれほど悪くならなかった。むしろ、彼の存在を他に示したともいえそうであった。

同じ日、遠山がやってきて、お金を貸してくれと言った。鈴本は持ち合わせがなく、彼らの共通の友人に借りに行くが、友人は遠山のような人間のためには金を貸せない、ときっぱりと言う。鈴本は遠山の人のよいところなどを強調するが、それでも友人の毅然とした態度に押され、遂には自分もそれに同調して遠山のところに、きっぱりと断るために行く。ところが、遠山の家族の実情を見ると、またまた反転して、結局のところは、時計を質に入れて、金を貸してしまう。

翌朝、鈴本が出勤しようとすると、妻に時計のないことを指摘され、そこから夫婦の争いになるが、今度は鈴本も強くなっていて相当な論戦になる。とうとう「出て行け」「出て行く」の状態になり、子どもの取り合いから、鈴本は妻の顔をなぐりつけてしまう。とうとう隣家のおかみさんが仲裁にくる次第になり、鈴本は家を飛び出した。彼はいくら考えても、自分がなぜあんなことをしたのか、わけがわからない。妻に謝罪に帰ろうと思うが、隣家のおかみさんとまた顔を合わすかと思うと嫌で帰れない。

鈴本もまったく途方もないことをやってしまったものだが、後に述べるように結果は必ずしも悪くはなかった。結果はやや思いがけない形にはなるが、彼の妻は前より彼に対していい感じで接するようになったといえそうである。それはどうしてだろう。

人間も自然の産物である。誰しもそのなかにはワイルドなものをもっている。ここにワイルドと片仮名書きしたことは、必ずしも荒々しいというのと同義ではない。アフリカの荒野を走るライオンもワイルドであるが、野に咲くすみれもワイルドである。ワイルドな優しさというものもあるのだ。ところが、人間が下手に文明化するとワイルドなものを内にもっていることを忘れる。あるいは、ワイルドなものとの接触を失ってしまう。

鈴本はインテリの常として、ワイルドなものとの接触をほとんど失っている。とくにその荒々しい部分を失っていた。彼の妻が彼をボロクソに言うのも当然だ。それはまた、彼の荒々しさを引き出そうとする無意識的な努力でもあるのだ。

鈴本はしかし、だんだんと現実に磨かれて、荒々しさを回復しつつあった。それはまず給仕に対して出てきた。続いて、それは妻に向けられた。だからといって、ここで暴力を肯定するのは、ばかげている。鈴本のようにワイルドなものとの接触を長いあいだ失っていると、それが急激に出てきたときは暴走するのだ。社会的に容認された形で、ワイルドなものを生きるのは、なかなか難しい。

「暴力的」なものを生きるのは、暴力をふるうことではない。後者の場合は人間がワイルドなものにいかれているのであって、それを生きているのではない。といっても、誰しもそれほど上手にはやれないので、下手や失敗をしつつ成長してゆくのだが、鈴本のふるった腕力は、そのような意味で肯定的な面をもっていたのである。内なる暴力的なものを意識化することが必要なのだ。青年期はそれに至るまでの試行錯誤を許されるのだが、中年はそれをもっと鍛えなくてはならない。ワイルドなところをもたない中年は、まったく魅力を失ってしまう。

鈴本は青年期におけるそのような練習が少なかったので、今、やや急激にそれを行っているのである。彼は妻をなぐって家を飛び出したとき、仲間の河野に会う。河野は恋人に言葉をかけられず悶々としていたのに、その日にとうとう思い切って話しかけ、見事にふられて帰ってきたところだった。二人は手を握り合ってお互いの不幸を嘆き合った。

〈定吉は河野の手を強く握りながら、急にわっと泣き出した。と、河野もつづいて泣き出した〉

よい年をして、などと言うべきではない。二人の涙は過ぎ去ってゆく青年期に対する鎮魂歌なのである。喜怒哀楽すべての感情の動きを深く体験することによって、中年の生活が豊かになるのである。ワイルドなものと切れたとき、人間は神経症になるともいえる。鈴本が外界の恐怖症になっているのは、実は自分の内なる野性を恐れているのである。彼が内なる野性との接触をもちはじめると、恐怖症はなくなってゆくであろう。

新聞社にもつぎつぎ大変なことが生じてきた。社長が政府に買収されてしまったのか、編集方針が急に変わり、鈴本はそれにも嫌気がさしている。内閣攻撃の国民大会が開かれることになり、その群衆が政府系のこの新聞社を襲ってくるかもしれない、ということになる。社長は記者全員を集め、社を守るためにできる限り今晩は社に残って、社を守っていただきたいと演説する。鈴本が驚いたのは、これまで社長の姿勢を常に批判していた社会部次席の牛島という男が「今や我社の危急の時に当って、誰かそれを見捨てて顧みないものがありましょうぞ！」と叫んだことである。またもや「社会勉強」の機会を与えられたのだ。中年も少し出世してくると、なかなかの離れ業をやるのだ。

新しい課題

妻子のある鈴本は、国民大会の様子を観察に行くという名目を与えられて、退社する。群衆のざわめきを見ながら、鈴本は自分が何らの意見も持たず、押し流されて生きているだけであることを強く反省する。彼は自分の人生を立て直すために、まず離婚して再出発することを固く決心して帰宅する。帰途につきながら、彼は田舎に住んで、トルストイを読んでいる自分の姿を思い描き、明るい気持ちになる。しかし、子どものことを考えると急に迷いはじめた。彼は子どもが好きだ。しかし、妻のほうがはるかに子どもを愛しているだろう。どうするといいのか迷いつつ家の格子戸を開けた。すると、「いつになくよし子（妻＝河合註）はいそいそとして玄関に駈けて来た」。子どももにこにことやってくる。妻は、遠山が金に困って家を立ち退かされ、子ども二人を連れて泊めてもらいに来たが、子どもが帰りたいといってあまりに泣くので、安宿にでも泊まると帰っていったと言う。これを聞くと鈴木の「固い決心」はどこへやら消えてゆく感じになる。

妻は子どもに頬ずりして、どうしてこんなに可愛いのでしょうと言い、鈴木の心も優しい感じになってくる。

〈「ねえ、あなた」と妻は再び云った。その声は思わず定吉が彼女の方を振向いて見ずにいられなかった程の優しみと媚とに溢れていた。子供に頬ずりをしつづけている彼女の眼は伏目になって、その頬には恥しさが漂っていた。「あたしね」と彼女は躊躇しながら云い始めた。「あたしね、何ですか又出来たようなんですよ」〉

鈴木は驚いて畳の上にひっくりかえった。

〈恐ろしい絶望があった。何とも云われない苦しさがあった。が、それと同時に彼は、妻のために下女を雇ってやらなければならない事を考えた〉

これがこの短編の終わりである。思いがけない終わりであるように見えながら、中年の入り口に立つ状況が実にうまく描かれている。

鈴本は「恐ろしい絶望」を味わう。それは「田舎へ行ってトルストイを読む」、つまり青年期へと逆行することへの絶望である。と同時に彼は妻に対する配慮をしはじめている。「新しい生命」が生まれてくるのだ。鈴本にとって、それは「新しい課題」が与えられることになる。彼が考えをめぐらせ、自分の状況を改変するための解決策は「離婚」ということであった。「すっきりとした解決」というのは誰しも望むものであるが、中年の「解決」はそんなものではなく、そこに新しい課題が上乗せされ、それに向かっていかなくては、という形の「解決」となることが多いのである。何のかのと言っておれない、ともかくこれに立ち向かっていかなくては、と思い頑張っているうちに、古いことは解消してしまう。つまり、鈴本にとって離婚なんぞということは消え失せるし、夫婦関係ももっとよいほうに変化するであろう。

暴力をふるったり、はっきりと離婚の意思を固めたり、暴力の意識化ということを少しずつ経験してきた鈴本に対して妻は優しさを見せるようになった。それ以前の夫に対しては、彼女も優しい気持ちなど起きてこなかったことであろう。危なっかしくて見ていられない、というのが実感で、さりとて遠山の妻のような「グレートマザー」にもなる気はしない、というところだったのではなかろうか。しかし、彼女のそのような態度によって、鈴木も少し大人になってきたのである。お母ちゃんが抱きかかえすぎると、子どもはいつまでも子どものままである。

この作品は広津和郎の二十七歳の作で、出世作ともいえるものである。広津和郎という人は、早くから中年の分別を持てる人だったのであろう。この作品は作者の年齢をこえた中年の味がでているが、やはり若いときの作品であるので、青年の側から中年を見ている感じがあり、中年の入り口の感じがよく出ている。「第1章　人生の四季」で取りあげた漱石の『門』は、もっと深くに存在し、それを通り抜けられるかどうかさえわからぬようなものだったが、今回記述した入り口は、中年の者が是非とも通り抜けて行かざるを得ないものである。

作者もこの作品には「幾分の誇張があり、戯画化がある」と言っているし、時代差による違和感もあるが、それらについて少し配慮するなら、現在でもまったく通用する、中年の入り口の見事な記述であると思われる。

（引用は、中央公論社刊『広津和郎全集第一巻』所収、『神経病時代』から）

第4章　心の傷を癒す　大江健三郎『人生の親戚』

現代人共通の苦悩

人間は誰しも心のなかに傷をもっている。もっともその傷の存在をあまり意識しないで生きている人もいる。そのような人は一般的に言って、他人の心に傷を負わせる——ほとんど無意識に——ことが多いようである。心の傷は、浅いのから深いのまでいろいろある。その傷が癒されないときは、それによって生じる痛みや、痛みを避けようとする無理などによって、本人が悩んだり、他人に迷惑をかけたりすることになる。

それではその傷はどのようにして癒されるのか。心の傷の癒しは、古来からもっぱら宗教の仕事とされてきた。いろいろな宗教がそれぞれの教義や方法によって、人間の心の癒しを行ってきた。しかし、近代になって人々が宗教を信じがたくなるのと同時に、心理療法という方法によって、心の癒しができると考え、しかもそれは「科学的」な方法でなされると主張する人たちが現れた。そのような「科学」を絶対と信じる人には、それは時に有効かもしれないが、そうでない人には、人間の心が科学的方法で癒されたりするものでないことは、少し考えるとわかることである。

そうすると、現代人として、何らかの「絶対者」の存在を信じたり特定の宗派に属したりしない人にとって、心の癒しはどのように行われるのか。私は、そのような宗教的な仕事は、特定の宗派に属さなくとも遂行できるのではないかと考え、そのようなことのお手伝いをするのも心理療法家の仕事のひとつと考えている。もちろん、このことは心理療法家などいなくても、各人がそれぞれ行えるのである。ただ、それは困難極まりないことである。それがどのようにして行われるかについて、大江健三郎の『人生の親戚』によって述べることにしたい。

この小説の主人公は倉木まり恵。中年の女性である。この小説には、彼女の生涯について語る作家のKという男性が登場するが、彼は彼女より少し年上の、やはり中年である。Kとまり恵とはどちらも障害児の子どもをもつ親として知り合いになる。

まり恵には二人の子どもがあり、長男のムーサンは知的障害があり、弟の道夫は健常児であった。まり恵はムーサンの障害を知ったとき、「自分がムーサンを引きとり、御主人に道夫くんをゆだねるという仕方で、離婚を成立させた。まり恵さんが妻（語り手であるKの妻＝河合註）に話したところでは、ムーサンの誕生が、自分になんらかの『償い』をいざなうもの、と考えたというのだった」。しかし道夫が小学生のとき、交通事故で下半身麻痺となり、夫と道夫は再び、まり恵たちといっしょに暮らすことになる。

ところが大変な悲劇が起こった。車椅子の道夫と、その車椅子を押したムーサンが家出をして、一家の別荘のある伊豆高原へ行き、二人は断崖から身を投げて自殺をしたのである。目撃者によると、ムーサンは道夫の車椅子を押して断崖へと近づいたが、道夫は思い直したのか途中でブレーキをかけた。するとムーサンは一人で歩いて行き、身を投げ、それを見た道夫も車椅子を動かしてムーサンに続いたという。

人間にはいろいろな不幸がふりかかるが、これほどの傷を身に受けることは、まずないであろう。このような深い痛手を受けたまり恵が、その人生をいかに生きたのかというのが、この作品の主題である。二人の子どもを――それも自殺というかたちで――一挙に失った女性が、その後の人生をどのようにして生きてゆくのか。果たしてそのような傷は癒され得るのか。

この話を読みながら私が思ったことは、まり恵の心の傷は「現代人の傷」である、ということであった。ムーサンは身体は健常であるが、頭脳は普通でなかった。道夫はその逆であった。頭脳と身体とが分断され、その統合をはかることの困難さ、という十字架をまり恵は背負っている。まり恵という名は、私にマリアを想い起こさせた。マリアの息子も十字架を背負って死んでいった。

このように考えると、まり恵の傷は、まったく個人的なものでありながら、それは現代人に共通するものであることがわかる。個人のそれぞれの傷は、文化の傷、社会の傷、時代の傷とつながっている。ある個人が、なぜ自分はこのような不幸や苦しみに遭うのだろうと嘆いたり、不可解に思ったりしているとき、それは「文化の病」「時代の病」を引き受けているのだと思うと、了解されやすい。まり恵も、まったく稀な不幸を背負ったかに見えるが、それは現代人に共通する苦悩を引き受けているのだ。したがって彼女の癒しの話は、現代に生きる多くの人に共感されるのである。

まり恵は自分の傷を受けとめて生きようとする。彼女は夫とも別れ、一人で生き抜こうとするが、それを助けるために「親衛隊」のようなかたちで、三人の若い男性たちが登場する。自分たちのほうから押しつけることなどないが、まり恵が苦境にあるのを見ると、何かと手助けしようとする。このようなことは時に生じることだ。まり恵を助けているように見えながら、実はこの若者たち自身の傷の癒しということが重なっているからこそ、このようなことが生じる。このことは、Kにとっても同様である。まり恵のことを「他人事」とは思っておれないのである。

センチメンタリズム

傷の癒しという点で生じてくる重要な問題のひとつは、「センチメンタリズム」ということである。Kやまり恵の子どもたちの通う養護学校で、ダウン氏症と心臓障害をあわせもっている早苗ちゃんという女の子が急死した。早苗ちゃんは際立って愛らしい少女で、「学芸会では、いつも女王やお姫様の役割をふりあてられ、劇をつくる側の先生方も生徒仲間も、観る側のわれわれ父兄もきまって満足する」子だった。そこで担任の先生の発案で、彼女の写真や、皆の思い出の文などで、一冊の本を作ろうという計画が起こった。だれもが喜んで参加しようというとき、まり恵は――まだこのとき、あの悲劇は起こっていなかったが――それに断固として反対を打ち出した。まり恵の言い分はこうだ。自分も早苗ちゃんが好きだった。早苗ちゃんのお葬《とむら》いの際には、修道尼でもあるT先生が、「家族や仲間のみならず教職員にも慰めと勇気をあたえた美しいお子さんが、どうしてこんなに早く死んでゆかねばならなかったのか、神様がどうしてこんなことをなさったのか、それをこれから懸命に理解してゆきたい」と言われ、みんなの共感を呼びもした。「しかしそれが結局は神様の御心なら、あのように美しく気だての良い早苗ちゃんに、ダウン氏症の障害を背負わせられたのも、神の御心なのだ」と、まり恵は考える。だから「障害児の真実をつたえる本を作るなら、むしろ障害児の醜さや歪み・ひずみも、はっきり提示するものにしたい」、つまりきれいごとだけでは駄目だと主張するのだ。皆の考えている「思い出の文集」は、あまりにもセンチメンタルだと言うのである。

このことについてKと話し合ったまり恵は、彼女の考えの背後には、アメリカ人でカトリック教徒である女流作家のフラナリー・オコナーの作品があると言う。どうしても障害者の親は、子どもたちの無垢《イノセンス》を強調しすぎる傾向があるが、そのような傾向に対して、オコナーが警告している、という。

〈無垢《イノセンス》は強調されすぎると、その反対の極のものになる、とオコナーはいってるわ。もともと、私たちは無垢《イノセンス》を失っているのに。キリストの罪の贖い《リダンプシヨン》をつうじて、一挙にじゃなく、ゆるゆると時間をかけて、私たちは無垢《イノセンス》に戻るのだとも、彼女はいってるわ。現実での過程をとばして、安易にニセの無垢《イノセンス》に戻ることが、つまり sentimentality だというわけね〉

癒してほしい、癒してあげたい、そのような感情が過剰になり、一挙にこれを成就したいと思ったり、したような気になったりすると、人間はセンチメンタルになる。しかし、それは真の癒しからほど遠いものである。「一挙にじゃなく、ゆるゆると時間をかけて」行うものだが、オコナーの場合はカトリックの信者として、そこに「キリストの罪の贖い《リダンプション》をつうじて」と言うことができる。

まり恵の気持ちを妻に説明するときに、Kはやはりオコナーの考えによって、「その女流作家は、優しさというものが、……彼女の書いた言葉でなら tenderness というものがさ、根源から切り離されると、ひどいことになる、といっているんだ」と言っている。そのような根源から切り離されない優しさについてオコナーはどう考えるのか。Kは続けて言う。「真の優しさの根源には、神がいる。キリストという人間の顔かたちをとって、つまり person としてさ、人類の罪をあがなった神がいる」と。しかし「そこは不信仰の僕として、よく理解したと確信を持ってはいえないところでね」とKは言う。

ここは随分と大切なところだ。オコナーは真の優しさの根源には「神がいる」と明言する。とすると、神を見いだしえないKやまり恵はどうなるのか。事実、まり恵はカトリック教会の初心者スクールにはいったり、それを離れた後では、ある小さい宗教的な集団に属したりする。しかし、彼女は何らかの「絶対者」の存在を見つけたわけではない。

センチメンタリズムに対して、アッケラカンということがあるように私は思う。実はまり恵の性格描写として、この「アッケラカン」がよく出てくるのである。「彼女のアッケラカンと陽気で、よく勉強する女学生の生真面目さもある顔」などという表現もある。Kが息子と別荘にいるところへ、まり恵が訪ねてくる。彼女はボーイフレンドのアメリカ人も呼んでいて、夜になると二人で「ムームー」などという声をあげ、KとKの息子の安眠を妨害したりするが、翌日にはアッケラカンとしているように見える。

センチメンタリズムが感情の過剰とすると、アッケラカンは感情の動きに対する期待がはずされて、呆れることを意味している。あれほど悲劇を経験しながら、アッケラカンとしているまり恵は、悩むなどということはないのだろうか。まり恵がKの別荘に泊まったとき、彼女のボーイフレンドが去って、一人で彼女が眠っている部屋に、Kは息子の薬をとるために入らなければならぬことがあった。彼女は眠っていた。〈そしてギクリとしたことには、さめぎわのレム睡眠のまり恵さんが、悪夢にうなされているのらしい、苦しげな声をたてている。アンクル・サムと一緒の折のムームーという声は、やはり人間らしいものだったと思えるほど、それはおよそ人間の力で癒し

う傷によるものではない、と感じられる呻き声だった〉
人間の力でまり恵を癒そうと考えるのは、センチメンタルだ。かと言って、彼女がアッケラカンとしているのは癒されたからではない。彼女の苦悩は、一般の人のいう同情などの感情の届かない深さにあるのだ。彼女の心の深みにある傷にまで手をとどかせるには、センチメンタルでもアッケラカンでもない道筋が必要なのである。

十字架のつなぎ目

まり恵の二人の子どもは、頭脳と身体の分裂という現代人の苦悩を背負って死んでいった。マリアの子キリストも人類の苦しみを贖うために死んだと言われているが、キリストは現代人に対して癒しを与えないのだろうか。ともかく、まり恵にとっては直接的には助けにならなかった。それについて私の勝手なイマジネーションを述べさせていただくと、キリストの背負っていた十字架は十という形が示すように横棒が少し上にあり、身体に対して精神《スピリット》の優位を示している。これに対して、ムーサンと道夫という人間の十字は、十のように身体も精神も同等に見る正十字のように思えるのである。

人間と他の動物との差について考えると、確かに人間の精神の存在は、それと他とを区別する大切なメルクマールであるし、そのような意味での精神性の強調は、約二千年間くらい必要だったのであろう。しかし、二十世紀も終わりに近づいてきたあたりで、人間はもう一度、人間と動物との差があまりないことを自覚し、それを十字架として背負ってゆくことを必要とするようになったと思われる。そして、そのような意味での身体と精神とのつなぎ目に存在している「性」ということが、実に重い意味をもつようになってきた。『人生の親戚』のなかで、性が重要なトピックとして語られるのも、このためであろう。

しかし、性というのは実に厄介なものである。体験せずに考えることはできないし、体験にのめり込むと考えることができなくなる。「精神」の優位を説こうとする宗教が、性をタブー視したこともよく了解できる。また、宗教——と言ってもキリスト教——に対して強い攻撃を加えようとしたフロイトが、性のことを正面からとりあげたのも当然である。しかし、それも「性」に関する「教義」によって固められた擬似宗教的な様相をもちかねない。

まり恵はアンクル・サムというアメリカ人のボーイフレンドをもつ。サムはまり恵を性的に満足させれば「それだけで生きてゆかせることができる、と信じこんでいる様子なの。私には魂の問題もある、とは思わないいんだわ」と、まり恵は言う。そしてサムは彼女が「テューター・小父さん」と呼ばれる人物を中心にする小さい宗教的集団の「集会所」へ入ったのも、その集団に「なにかオカルト的な性の秘法でも使われているのかと、邪推」したりする。性は魂に到る重要な通路となり得ても、性の満足イコール魂の癒しとはならないのである。

まり恵はテューター・小父さんの指導する「集会所」に入り、アメリカにまで行くが、そこで小父さんが病気で死んでしまう。グループの娘たちは、小父さんに続いて天国に行こうと集団自殺をしようとするが、まり恵が皆を説得して思いとどまらせる。このことも重要だが省略して、性に関する話を続けよう。

まり恵が苦心して「集会所」の娘たちを日本に帰したとき、日系メキシコ人、セルジオ・松野が、自分の経営する農場の精神的中心としてまり恵に来てもらうということを考える。松野の農場にはインディオや混血《メスティソ》の人、日系人などいろいろな人がいるが、まり恵のような不幸な経歴をもった人が、その人たちのために献身してはたらくのを見ると、彼女を「聖女のように崇め」ることによって、そこに中心を見いだし、団結して仕事をするだろう、というのが松野の考えであった。まり恵は考えた末、それに乗るのだが、そのようなことを自分の意志で決心するしるしとして「もう死ぬまでセックスはしないと、誓うこと」にする。確かに、あれほど不幸を背負い、欲望を断って献身するまり恵の姿は、メキシコの人たちに「聖女」のイメージを与えることに成功する。

ここで、彼女は自分の肉体と切れてしまい、精神的存在になったのだろうか。そうではないと思う。性を汚れたものとか、悪と考えて否定したのではなく、彼女はそれを肯定したうえで、生きてゆくための彼女の決心として、それを断ったのである。彼女は一挙にではなく、「ゆるゆると時間をかけて」無垢《イノセンス》に戻ろうとしたのである。

彼女はその後、癌《がん》におかされて彼地で死んでゆく。彼女を取り巻く親衛隊だった三人の若者は、プロの映画撮影家になっており、セルジオ・松野の要請もあって、まり恵の生涯を映画にするべくメキシコに行く。そしてKのところには、瀕死の床で、まり恵がネグリジェ姿でVサインをしているスチール写真が送られてくる。そのような彼女の姿全体が、その癒しの過程を物語っているように感じられるのである。

アレとソレ

まり恵はあの痛ましい体験を「アレ」と呼んでいた。「アレが起こったとき」というように表現するのである。あまりにも恐ろしく、あまりにも不可解な現象は「アレ」という代名詞で呼ぶより仕方がなかったのだろう。「アレはいったい何だったのか」「アレはどんな意味をもつのか」と、彼女は何度も自らに問いかけたのではなかろうか。

このことはフロイトが、彼の、いわゆるリビドーの貯蔵庫とでもいうべき心の領域を考え、それを、「それ」（Es）と呼んだことを想起させる。彼にとって、それはまさにソレであって、それ以外の名前をつけることができなかったのだ。「無意識」のうちに失敗をしたり、悪いことをしてしまったとき、それは「私」がしたのではなく「ソレ」がしてしまったのだという方が、ピッタリとくるのではなかろうか。

まり恵にとって、「アレ」は実際に生じたことであり、否定することができないことである。しかし、「アレ」を自分のこととして、自分にとって理解し得るものとして、心におさめることは実に大変なことであった。まり恵はフラナリー・オコナーの言葉を引用して、「オコナーには、本当に、感知しえるものは理解しえるもの、という確信があるんだわ」と言う。アレは感知し得るものだったが、まり恵にとってアレは理解し得るものだろうか。オコナーはクリスチャンである。したがって、「イエス・キリストの受肉」ということを通じて、すべての感知し得るものが理解し得るものとなる、と主張する。

まり恵はクリスチャンにはなれない。メキシコで、彼女を取り巻くすべての人がクリスチャンであり、教会へ行く。しかし、まり恵は他の人が神父様の教えにしたがってお祈りをしているときも、「そのように祈ることについてさえ、積極的でないように見えること」があった。「キリストの受肉」という神話が多くの人にとって意味をもったとしても、彼女は「アレ」を理解し得る自分の物語をつくり出さねばならないのだ。理解し得ると言っても、それは頭でわかることではない。一人の人間としてその全体にまでしみわたる感じで、「ああ、そうなのだ」と言うためには、物語が必要なのである。「全能の神がすべての人を救う」などという題目ではなく、キリストの受肉という物語に、どれほど全人的な共感が湧くかが大切なのである。

まり恵の物語は、すなわち彼女の人生そのものである。「集会所」にはいり、そこを出てメキシコの人たちのために人種を超えて献身する。それは彼女にとって、アレを理解する物語の創作であり、不治の病によって死んでゆくことも、もちろんその一部ではあった。彼女はそれだからこそ彼女の生涯を映画にすることを承知したのだ。それは彼女個人の生涯ではあるが、既に述べたように、現代に生きる多くの人々と共有できる物語となるはずである。

彼女は自分の映画に『人生の親戚』という題をつける案を示した。これに対して、Kは「血のつながった仲ではないが、生きてゆく上で苦難をともにするうち、まさに親戚のようになった真の友・仲間として、インディオや混血《メスティソ》の女たちが自分を受けいれてくれたと、まり恵さんが心貧しく誇ったのだったか」と思ったが、プルタルコスの文庫版に「どのような境遇にある者にもつきまとう、あまりありがたくない『人生の親戚』と、悲しみのことを呼びなしている」個所に出あって、「いま僕は、こちらの解釈にかたむいている」と言う。

人生の親戚というのは、確かに深みのある言葉である。私はこれまで述べてきた「ソレ」というのが、私が生まれてきたときから私につきまとっている「人生の親戚」のように思える。ソレは悲しみにもつながるし、私をとりまくすべての人にもつながる。そして、私は一生かけて、ソレを理解し得る物語をつくることに精を出さねばならない。天才のフロイトが書いた何巻もの本もすべて「私とソレ」の物語だったと言えるのではなかろうか。

まり恵の物語もそろそろ終わりかと思うとき、作者は「後記にかえて」のなかで思いがけない事実を語る。メキシコで、macho ミツオという巨漢のならず者が、まり恵を強姦したことがある、と言うのだ。その事実は「聖女」としてのまり恵のイメージを守るために、周囲にはひた隠しにされた。しかし、まり恵の農場の男たちは数人でミツオを襲い、彼のひざ頭をたたき割り、大怪我《けが》を負わせて復讐したと言う。

なぜ、まり恵のような人がこんな不幸に遭うのか、物語は完結しないのか。Ｋは後から送られてきた情報などを統合し、推察をまじえて何とか物語を「理解し得る」ものにしようと苦労する。まり恵の死後、ミツオは不自由な体をおして、まり恵の墓を掘る仕事にたずさわり、それを機縁としてミツオと農場の若者たちとの和解が成立するというものだ。

このような「推察」が物語を理解し得るものにしてくれることは、確かにそのとおりであろう。しかし重要なことは、物語が終わったと思うころに「ソレ」がまたあらたな素材——理解するのに困難をきたす素材——をつぎつぎと提出してくる、ということではなかろうか。傷をもって傷を癒すような「ソレ」のやり口には、たまらない気もするが、それによってこそ、われわれの人生の意味も深まってゆくのだと思われる。まり恵は皆と共に祈らないにしても、「自分の祈りを深めていかれる」と松野は語っている。絶対者をもたないにしても、ソレとのつき合いを深めることによって、人間は「自分の祈りを深める」ことはできるのである。

（引用は、新潮社刊『人生の親戚』から）

第5章　砂の眼　安部公房『砂の女』

これまで子どもの本はある程度読んでいたが、「大人の本」はあまり読まないので、本書を書くために苦労しながら読んだ。そのなかで、特に心を揺すぶられる作品に出合うと、本当に嬉しくなる。安部公房の『砂の女』はそのような作品で、凄いインパクトを受けた。外国へ行って本屋を覗くと、『砂の女』の訳本にお目にかかることが多かったが、やはり世界中の人に読まれるだけのものだ、と思った。

名作は多くの連想を誘うところがある。ここに語られる「砂」にしても、人々はそれぞれ無数の連想をもつことだろう。つまり、それぞれの人がそれなりに読めるというわけである。そこで、私も勝手な連想を書きつらねることにした。

新潮文庫『砂の女』の解説のなかでドナルド・キーンは、これが「日本いや世界の真相を最も小説的な方法によって描いている」ものだと称賛している。確かにどこでも、誰にでも当てはまる「真相」といえるが、やはり「中年」のイメージにかなりぴったりくる感じがする。そこで、中年ということを念頭におきながら連想を続けることにしよう。

みちしるべ

「八月のある日、男が一人、行方不明になった」というのが、この作品のはじまりである。彼の同僚の教師たちは、その原因についていろいろ憶測し、厭世自殺説まであらわれる。しかし実際は、彼は昆虫採集に出かけたのである。彼は砂地に住む昆虫の採集に熱中している。彼は何とかして新種を発見したいと願っている。〈それにありつけさえすれば、長いラテン語の学名といっしょに、自分の名前もイタリック活字で、昆虫大図鑑に書きとめられ、そしておそらく、半永久的に保存されることだろう〉

これが、この男の狙いなのである。

人間は、いつか死ぬ。しかし死後、自分の名前が「半永久的に保存される」となれば、なんと素晴らしいことだろう。自分という存在も、考えてみると実にはかないものである。そこで、自分というものを「永遠の相」のなかのどこかに定位できると、心が安まることになる。日本人だと、「何々家」という家の流れのなかの一点に定位され、死後の子孫たちが墓を守ってくれるということで、その願いは大分かなえられることになる。しかし、この主人公の男はどうも「家」などということに頼りたくない類の人間らしい。自分の力で新種を発見することによって、自分の名を半永久的に残そうと努力している。

彼は家の近くの河原で、ニワハンミョウの新種らしきものを見つけながらも逃がしてしまって以来、ハンミョウの新種を探すことに必死になっている。私が子どものころは、このハンミョウを「みちしるべ」と呼んでいた。「ハンミョウというやつは、ひどくまぎらわしい飛び方をする。飛んで逃げては、まるでつかまえてくれと言わんばかりに、くるりと振り向いて待ちうける。信用して近づくと、また飛んで逃げては、振り向いて待つ。さんざん、じらしておいて、最後に草むらの中に消えてしまうという寸法だ」。つまり、人間を巧みに導くのである。「みちしるべ」というのは、まさにぴったりの名前である。

中年は毎日の仕事に忙しい。仕事をどのようにこなしてゆくか、家族の問題をどう解決してゆくか。毎日毎日が大変で、ほかのことなど考える余裕などない。しかし、そのなかでも、自分はなぜ生きているのか、死んでからどうなるのか、などと考える人がいる。いったい、自分の人生を導くものは何なのか。昔は神や仏によって導かれ、したがって自分の生命を「永遠の相」のなかで実感できる人が多くいた。しかし現代は、それほど簡単に神や仏に従ってばかりもおれない。そこで、われわれの主人公は昆虫のみちしるべに頼ることにしたのだ。

「おむすびコロリン」という昔話がある。これは偶然の導きに頼ることの意味について物語っているものである。転がってきたおむすびにふと導かれて、じいさんは穴の中にはいってゆく。そこで彼が地蔵浄土の体験をすることは読者もよくご存じのとおりである。現代の主人公は偶然にではなく、「新種発見」という明確な目的と意思をもって出かけてゆく。しかし、その「みちしるべ」が昆虫だというところに、なんともいえぬ面白みがある。昆虫というのは、動物のなかで人間の対極にあるといっていい存在である。人間の考えている自由意思などとは縁のない生き方をしている。その昆虫に男は導かれて、おむすびコロリンのじいさんのように、「穴」に落ちてゆくのである。しかし、そこは地蔵浄土などではなくて、地獄のようなところだったようである。

おむすびコロリンとハンミョウの対比は、なかなか面白い。後に「黒塚」のことも述べるが、このような超近代的で世界的な普遍性をもっている小説なのに——というよりも、それゆえにというべきだろう——何か日本の古い土俗の味があるのは興味深い事実である。土俗を通り抜けてゆくところに、普遍に至る道がひらかれたのだろう。

たましいの掃除

男がハンミョウを探しにやって来た沙漠は、奇妙な構造をしていた。あちこちにクレーターのような幅二十メートルあまりの穴があり、その底に家が一軒ある。このような穴が砂丘の稜線沿いに並んでいるのだ。大きい蟻地獄《ありじごく》の穴の底に一軒の家がある、と思えばいい。といっても、穴の傾斜はもっときついのではあるが——。このような家がぽつんぽつんと並んでおり、その稜線から、つまり海岸から遠ざかるにつれて家が多くなってきて、砂との共存状態ながら、町らしい感じになっていく。

男は偶然出会った老人に、民宿にでも泊まりたい、と言う。すると、さっそく玄関に「愛郷精神」という額のかかっている事務所に案内されて、その世話で、「部落の一番外側にある、砂丘の稜線に接した穴のなかの一つ」の底にある家に泊めてもらうことになる。「穴」の崖の傍らに行くと、傾斜は思ったよりきつく、垂直に近いほどで、縄梯子で下りていく。そこでは一人の女が、ランプを捧げて迎えてくれた。「まだ三十前後の、いかにも人が好さそうな小柄の女だったし、化粧をしているのかもしれないが、浜の女にしては、珍しく色白だった。それに、いそいそと、よろこびをかくしきれないといった歓迎ぶりが、まずなによりも有難く思われた」。

女はこの家に一人で住んでいると言う。大風のときにトリ小舎《ごや》を見に行った夫と娘は、小舎ごと砂に埋まって死んでしまったのだと言う。男はこの孤立した家で、この女と一夜を過ごすことになるのだ。中年の男性ならほとんどの者が期待するようなことを、この男も心に思ったのに違いない。

男を一人、部屋に残しておいて、女は外の暗闇に消えた。男は一服タバコを吸った後に、ランプをもって女のもとに行く。そこで、男は何を見たのだろうか。

日本人によく知られている「黒塚」という能がある。野原の一軒家に泊めてもらった僧が、そこの女主人の見てはならないと禁止する部屋をそっと覗いてみると、彼女の閨《ねや》の中は、「人の死骸は数知らず、軒と等しく積み置きたり、膿血《のうけつ》忽《たちま》ち融滌《ゆうでき》し、臭《しゅう》穢《え》は満ちて膨脹し、膚膩《ふに》悉《ことごと》く爛壊《らんえ》せり」（『日本古典文学大系41　謡曲集下巻』岩波書店刊）という凄絶な有り様である。僧は恐ろしくなってひたすら逃げるが、女は鬼の姿となって追いかけてくる。結局は僧の祈りによって女は消え去ってゆく。

昔の人は、この世に「見てはならぬ真実」ということがあるのを知っていた。それを見ることの恐怖によって死んでしまったりすることのないように、いろいろなタブーによって守られていた。だが、現代人は「自由」を求める傾向が強いので、昔からあるタブーを破ることにつぎつぎと挑戦して、現代では「見てはならぬ真実」とか、「タブーによる禁止」など、なくなってしまったと思われる。『砂の女』の男性も一軒家に女と共にすごすが、女は別に何の禁止も与えなかったのだ。しかし、男がそこに見たものは、「黒塚」の女の閨の中の光景にまさるとも劣らぬものであった。

　女はひたすら砂をすくって石油缶《かん》に入れている。しばらくするとオート三輪の音が聞こえ、穴の縁にやってきた男たちがモッコを下ろす。それに砂を入れて上げると、オート三輪は砂をどこかに運んでゆく。その繰り返しなのである。砂は海のほうからの風でずっと溜《た》まり込んでくるので、夜のうちにこの作業をしておかないと家が壊れてしまうのだ。

　砂はひょっとして「鬼」より恐ろしいかもしれない。そういえば、『砂の女』の最初のあたりに、砂についての記述が詳細になされているのに気づく。

《砂――岩石の砕片の集合体。時として磁鉄鉱、錫石《すずいし》、まれに砂金等をふくむ。直径2～$^{1}/_{16}$m.m.》などという百科事典による記述に続いて、「地上に、風や流れがある以上、砂地の形成は、避けがたいものかもしれない。風が吹き、川が流れ、海が波うっているかぎり、砂はつぎつぎと土壌の中からうみだされ、まるで生き物のように、ところきらわず這《は》ってまわるのだ。砂は決して休まない。静かに、しかし確実に、地表を犯し、亡ぼしていく……」。

砂はうっかりすると目に見えない。しかし、知らぬ間に「静かに、しかし確実に」ものの表面を覆い、亡ぼしていくのだ。人間は自由になり、タブーをなくしてきた間に、ものごとの「真実」を見ないという性質を身につけてきたのではなかろうか。昔の人とやり方は異なるが、真実を見ないという点では似たようなものである。中年になってあくせく働き、時には出世したり、成功したりしたと思いさえするが、その間に、ほとんど目に見えぬほどの砂がだんだんと降り積もって、人間の「たましい」を侵蝕してきているのではなかろうか。そして、老人になって、ふと気がついたときは「もぬけのから」になってしまっている、というわけである。

夜の間に溜まった砂を掃除する、というイメージは、夢のことを思い起こさせる。つまり、昼の間に「たましい」に降り積もってきた砂を取り除く仕事とは、まさに夢の仕事だと思うからである。人間は眠っている間も仕事をしているのだ。断夢実験というのがあって、詳しいことを紹介する余裕はないが、人間に夢を見させないようにすると、だんだん感情不安定になってきて、白昼夢を見たりするようになる、という実験がある。これなど、夜のうちに砂を除く仕事をしなかったために、だんだんと家が押し潰されてくるのと同じことであろう。

真の前衛とは

一夜明けて、男は縄梯子が取り去られているのに気がついた。彼は「まんまと策略にかかったのだ。蟻地獄《ありじごく》の中に、とじこめられてしまったのだ。うかうかとハンミョウ属のさそいに乗って、逃げ場のない沙漠の中につれこまれた、飢えた小鼠同然に……」。男は逃げ出そうと試みるが、なにしろ相手が砂なので始末に負えない。穴から逃げようとしても、ある程度登ると砂が崩れてくるのである。文字どおり蟻地獄の巣なのである。それでも男は脱出の希望を捨てない。つぎつぎといろいろな手段を考える。まず、女を縛って動けなくし、モッコを下ろす連中が来たとき、砂の代わりに自分がモッコにのってみたが、これは、連中に途中で手を離されてしまって、落とされただけで終わってしまう。

次には、女にも働くことを禁止し、自分もサボタージュをきめこんでしまう。しかし、これには反対給付としての水を、上の連中が差しとめてしまったので、苦しくなって降参してしまう。要は勝ち目がないのである。そして、彼が彼女に協力して砂掻きをしている限り、上の連中は適当に水や食料品を「配給」してくれ、そのうえ、こちらの要望にこたえて、新聞さえ持ってきてくれるのである。

男には全体のカラクリがよくわかってきた。この穴の家は、いうなれば、この町全体の砂の防衛のための最前線に位置しているのだ。このような、海にいちばん近い第一線の家が、毎日、砂の掻き出しをして頑張っているので、町が砂に埋まることを防いでいるのだ。そこで町の衆は、その反対給付として、いろいろなものをこの家に届けてくれるのである。オート三輪でモッコを持って回ってくるのは、おそらく町の大幹部ではなくて、大幹部はこのような全体を取りしきっているのであろう。しかし、彼女たち第一線の毎日の努力によってこそ、町は安泰なのである。まさに「愛郷精神」の表れである。しかし、女手ひとつでは荷が重すぎるというときに「ハンミョウ」に導かれて男が一人やってきて、それを手伝いとしてうまく入れこんだ、ということになるのである。

このことを、先に述べたような「たましい」ということに関連させることもできるし、あるいは、そうまでしなくとも、こういう見方もできる。人間存在のために必要不可欠なことをしているのに、そのことに気づかずに生きている男女がいる。彼らを、最前線に立って人類のために働いているというイメージでみると、彼らこそ「前衛」と呼ぶのにふさわしい生き方をしている、ということになる。

「前衛」などと言っておだてられても、ただやっていることは、毎日毎日の変わることのない砂掻きだということになろうが、よく考えてみると、真に「前衛」として働いている人というのは、このような単調な仕事を――時には無自覚に――しているのであり、一方、「前衛」と自称している人というのは、うまく組織をつくり、ある者には砂掻きを、ある者にはオート三輪の運転、モッコの上げ下ろしなどをさせているのかもしれない。したがって、「前衛」を自称する人は、組織を守るために保守的にならざるをえない、ということにもなるのだろう。

事実、男はこのような単調な砂掻きの仕事から抜け出そうとして、モッコの上げ下ろしに来る人物に対して、この地を観光地として発展させてはどうかとか、砂地に適合した作物をつくってはどうかとか、砂防工事のために補助金を獲得する運動を起こしては、などと熱心に提言するが、相手はまったく乗り気ではない。これも当然のことだ。上の人たちにとっては万事うまくいっている。何も今さら、ほかのことを考える必要などない。「前衛」の仕事はうまく運んでいるのだ。

男はそれでも執拗に脱出をはかり、屋根の上からロープを投げる作戦に成功して、外に逃れ出る。実はここのところも実に綿密にその経過が記載されているのだが、紙数の加減で省略せざるをえない。読者は是非、原作をお読みいただきたい。ともかく、男は地上に出ることができるが、逃げる途中に犬にほえられたりして、町の人に見つかってしまい、追いかけられる。逃げまわっているうちに、「塩あんこ」といって砂が吹きだまり、そこに入り込むとずぶずぶと沈みこんでしまうところへ知らずに足を踏みいれる。「助けてくれえ！」と男は叫び、追っ手の連中が何とか手をかして助けてくれる。

　男は助けられてほっとするが、何のことはない、そのことは彼が例の「穴」にまた逆もどりさせられることを意味しているのだった。確かに人間は支配者に対してのみ、「助けてくれえ！」と言わざるをえないときがある。彼はちゃんと助けてもらえるが、それは支配の強化を意味しているのである。

〈男は、脇の下に、ロープをかけられ、荷物のように、再び穴のなかに吊《つ》り下ろされた。誰も、一言も口をきかず、まるで埋葬の儀式に立ちあってでもいるようだ。穴は、深く、暗かった。月が、砂丘の全景を、淡い絹の輝きでくるみ、風紋や足跡までも、ガラスの襞のように浮き立たせているというのに、ここだけは、風景の仲間入りさえ拒まれ、ただむやみと暗いばかりである〉

　男はまた「穴」の生活に戻った。

男と女は夫婦の関係になっていた。二人はともかく砂搔きを仕事として「順調」な日を送ることになった。女のほうは糸にビーズをとおす内職にうち込んで、なんとかお金を貯《た》め、ラジオを買うための頭金にしようとしている。男は彼が「希望」と名づけた計画にうち込んでいる。彼の「希望」計画は、鴉《からす》がやってくるのを罠でつかまえ、その鴉の脚に手紙を結びつけて放すということである。ところが鴉は一向に捕れないのだが、その罠にどうしたことか水が溜まっているのを男は発見する。どうも、砂による毛管現象とかいろいろなことが重なって、条件がよければ、そこに蒸留水が溜まるらしいのだ。男はその仕掛けを完成させると、上の連中に水をとめられても対抗できるというわけで、溜水装置づくりのことに熱中しはじめる。

女は遂に待望のラジオを手に入れることができ、二人の生活が安定しはじめたとき、女は子宮外妊娠をして急遽入院ということになる。どさくさのなかで縄梯子が下げられたままになっているのに男は気づくのだが、彼には、あわてて逃げ出そうとする気はなくなっていた。

「逃げるてだては、またその翌日にでも考えればいいことである」という文に続いて、この男、仁木順平に関する「失踪に関する届出の催告」と、彼を失踪者とする審判の書類が載せられていて、この小説は終わっている。どうやら、男はすぐには帰っていかなかったらしい。

男はあれほど逃げ出すことを考えていたのに、いざとなるとどうして逃げ出さなかったのか。それを考える鍵として「よりどころ」というのがあると思われる。人間はそれぞれ何らかのよりどころに頼って生きている。

仁木順平は教師としての職業に、あまりよりどころを感じられなかったようだ。彼がよりどころにしようとしたのは、まず「新種の発見」だ。それによって、彼の名前が半永久的に残ることになる。そのような考えに従って、彼はハンミョウを追いかけ、そのみちしるべに導かれて砂の穴に住むことになった。

彼が砂の穴に導かれたのは偶然ではなさそうだ。実は、彼は同僚の教師に対して、人生によりどころなどないと言ったことがあるのだ。そして、彼は「砂が固体でありながら、流体力学的な性質を多分にそなえている、その点に、非常に興味を感じる」と言い、「けっきょく世界は砂みたいなものじゃないか……砂ってやつは、静止している状態じゃ、なかなかその本質はつかめない……」とも言ったのである。それは相対主義的であると言う同僚に対して、彼は「そうじゃないんだ。自分自身が、砂になる……砂の眼でもって、物をみる……一度死んでしまえば、もう死ぬ気づかいをして、右往左往することもないわけですから……」と言った。

こうしてみると、えらく悟っているようだが、いざ彼が砂の穴に閉じこめられてしまうと、彼はもとの生活にこそ「よりどころ」がある、と確信しているかのように、必死になってもとの生活に帰るための努力をする。こうしたところが、人間というものの実情をよく示している。一度など彼は、どうしても帰りたくて、どんな条件でも飲むと言って交渉し、村の人々の前で女とまじわるところを見せてくれるなら、と言われ、それを承諾さえしてしまうのだ。

彼の意図は、女の強烈な拒否によって挫《くじ》かれてしまう。彼は砂の世界から脱出し、もとの世界にさえ帰れれば、よりどころが得られると錯覚し、自分の最も個人的秘密をさらして、まさに個人としてのよりどころを失ってしまうところだったのだ。しかし、この点では女のほうが、よほどしっかりしていた。彼女はこの砂の世界のなかで、かつて彼が言ったように「自分自身が、砂になる」ような生き方をし、そして守るべき秘密はしっかりと守ることを知っていたのだ。

男が逃げ出さなかったのは、最後のところまできて、穴の中の生活も、外の生活も、ほとんど変わりがないと気づいたからではなかろうか。教師としての彼の毎日の生活は、いろいろ変化に富んでいるように見え、また価値ある仕事であるかのように見える。しかし、よくよく見ると、それは毎日砂掻きを繰り返しているのとほとんど変わらないのではなかろうか。

中年は忙しい。忙しさのなかに多くの希望や価値やらを見いだしている人もある。けれども、こういう小説を読むと、自分も毎日砂掻きを繰り返しているだけなのだと思わされて、「ようやってるわ」と感じる人もあるだろう。しかし逆に、毎日毎日、同じことの繰り返しでつまらないと思っている人でも、実はそれこそ、最も「前衛」的な生き方であり、社会の最前線で戦っているのだ、と考えることもできるわけである。

どう考えるにしろ、人間は時に「自分自身が、砂になる……砂の眼でもって、物をみる」のがよさそうに思う。といっても、砂の世界に生きる男は溜水装置というなぐさみ物をもっているし、女のほうはラジオを手に入れて大喜びしているのだから、何らかの工夫をしないことには、砂になってばかりいるわけにもいかない、ということになるだろう。中年の生き方には工夫がいるのである。

（引用は、新潮文庫『砂の女』から）

第6章　エロスの行方　円地文子『妖』

合一への欲求

エロスというのは、人間の一生のいずれのときにおいても大切なことだが、中年においてもエロスは重大な役割を担って存在している。人間にとって、エロスの力なしては種《しゅ》の存続は望めないし、かといって、その力が強ければ強いほどよいというわけでもない。時には、それはおぞましいとさえ感じられるのである。

ギリシャ神話において、初期のころには、エロスは擬人化されず、人を襲う激しい肉体的な欲求、心身を慄《ふる》わせ、なえさせる恐るべき力とされていた。それは形をもたない力であった。エロスの力は合一を求める。人間はあくまで「個」として、自分を他と区別した存在であることを認めたいと望む半面、他の存在との合一・融合を求めたいという欲求ももっている。エロスはそのような合一の欲求や衝動を示すものである。

エロスを擬人化しなかったギリシャ人は、それが「人間的」な相手ではないと思ったのではなかろうか。話し合いで解決がついたりはしない。それは自然現象の洪水や山崩れのように「抗し難い力」として出現してくる。しかし、人間の「理性」が発達してくると、何とかそれに対抗し、コントロールしようとする。そのような変化のなかで、エロスはだんだん擬人化されるようになり、背中に翼の生えた男性神として表されるようになる。それは人間の形態をもつので、ある程度「話し合う」ことができるようになった。しかし、翼があるので、いつやってきて、いつ飛び去っていくか、人間の力では計り難いのである。

エロスの「気まぐれ」さが強調されてくる一方で、その圧倒的な力のほうは少しずつ忘れ去られ、人間はエロスに対して優位な地位を占めることができるように思いはじめる。そうなると、エロスはキューピッドの姿で表されるようになる。「キューピーさん」などと、それが呼ばれるようになると、まるで子ども用の玩具と思われるまで下落してしまう。ところが、エロスそのものはそんなに生易しくはないし、今でも圧倒的な力を誇り、人間の「理性」を一挙に破壊したりする。エロスのために、自分の地位や財産を失う人は、現代にも多くいる。総理大臣の職をやめねばならなくなった人もある。

エロスの望む合一・融合は、男女の身体的な結びつきによって表現されるのが、一般にはわかりやすい。ともかく、社会的な関係のなかで自分を他から守ってくれている衣服を取り去り、身体と身体が合一する。これはエロスそのものと言えそうだが、それはほんとうに「合一」であったり「融合」であったりするのか。青年期には、身体的結びつきの体験の新鮮さとか、余裕のなさなどによって、それに夢中になることはできる。しかし、果たしてそれはほんとうの融合であるか、と考えはじめると、事は難しくなる。

中年の「分別」という言葉は、ともに「わける」ことを意味する分と別という字を組み合わせてつくってある。分別とエロスとは敵対関係にある。分別の強すぎる人は、エロスをおさえこもうとする（もっとも、そんなことは不可能であることは、後に述べる）。エロスの強すぎる人は、分別がなくなってしまう。青年期ならともかく、中年になると、いかにして自分を超えるものとしてエロスを体験しつつ、自分という分別をなくしてしまわずにいるか、という課題に取り組むことになる。

今回は、中年のエロスを考えるうえで、円地文子の『妖』を取りあげる。これは、女性の側から中年のエロスを描いているものとして、考えさせられるところの多い作品である。『妖』には、中年といっても、もう老年に近い夫婦が登場する。彼らの子どもたちは結婚して、それぞれ別のところに住むことになる。夫婦は同居しているものの、別の部屋に寝て、性関係はない。しかし、エロスの火が消えたわけではない。では、そのエロスはどの方向に向かって燃え出ようとするのか。その様相がなかなか巧みに描かれているのである。

夫の神崎啓作は骨董が好きである。中国の陶器「呉須《ごす》赤絵の瑞瓢《ずいひょう》形花瓶」が彼の宝物なのである。彼は自分の部屋にこれらの骨董を並べ、眺めたり触れたりして喜んでいる。つまり、彼のエロスの対象は、今や人間ではなく陶器になっている。中年になると、エロスの対象が人間以外のものになることがよくある。骨董品、車、植物、ペットの動物など。そこには不思議な合一の感覚がはたらくのである。

人間をエロスの対象とするときは、相当な工夫や努力が必要になってくる。それがどれほど難しいかは、これから『妖』を通じて述べてゆくことになる。一夫一妻の規律のやかましい世界では、婚姻関係の外にエロスの対象をもつことは「悪」として裁断される。それは危険極まりないことである。それでは、社会的に承認されている夫婦の間で、互いにエロスの関係をもつようにするといいではないか、ということになる。しかしこれは、ことのほかに難しいのである。

夫婦の行きちがい

エロスの体験として、性の体験はわかりやすい、と述べた。ただし、性のことにしても、女性の場合はエロスどころか苦痛のみのこともあるし、「融合」とほど遠い、しらじらしいこととして体験されることもある。そのことを論じだすと、また別に論じなくてはならぬほどになってしまうので、ここでは一応、青年期に夫婦の性的結合がある程度満足されたことにしておこう。ここでの問題は中年のことであるので、そこから話をはじめねばならないのである。

男性がエロスと性とを単純に直結してしまうと、その関係はあまり続かなくなってくる。エロスというのは果てのない深さをもっている。それは身体のことだけではない。そこには精神が関係してくる。身も心も合一することが目標になってくる。しかし、果たしてそんなことは可能なのだろうか。

『妖』の夫婦、啓作と千賀子はよく「行きちがい」を起こす。長女が結婚したとき、妻の千賀子は彼らが自分たちと同居することを期待していたが、長女の夫の医師がカリフォルニアの病院に勤務するとかで、すぐ旅立ってしまう。横浜まで見送りに行った（当時は、船でアメリカへ行った）あとで千賀子は、長女が「もう日本へ帰らないような気がするわ」と言う。啓作は「そんなことはない……四年やそこらすぐたってしまう」と言う。

「啓作の答えたのは先方の病院の契約期間で、千賀子の考えている心の空間とは違っていた」。こんな「食い違い」はよく生じたが、啓作は平気だった。しかし「千賀子はそういう理解のずれを語学に通じない外国人同士の対話のように焦《じ》れったがり、隅々までテンポのあった会話にしようとあせるので、実際には行きちがいは一層烈しくなった」。

これは中年夫婦の行きちがいを見事に描いている。千賀子が長女は「もう帰って来ない」と言うとき、それは母と娘との一体感の世界に娘はもう帰ってくるまい、という悲しみやあきらめや、ひょっとしてという漠とした期待やらをこめて言っている。啓作は社会的契約の世界でものを言っている。住んでいる空間が異なるのみでなく、その違いに対して男は無頓着だが、女のほうには重大なことなのである。「隅々までテンポのあった会話」を望むとき、女のほうは心のひだのひとつひとつが合った合体を望んでいる。男は、そんなことはできるはずはない、人間は別々なのだ、と違いのほうを強調し、「合体」のほうは身体的結合によって満足させようとする。しかし、そんなことでは女性の気持ちを満足させることはできない。

青年期ののぼせ的結合が終わって、中年にさしかかってくると、男性と女性が相互に理解することはほとんど不可能に近いことがわかってくる。そのとき、多くの女性のエロスはむしろ自分の子どもに向けられる。千賀子の場合もそうであった。啓作は銀行員としてあちこち転勤したが、千賀子は「子供達の教育を名目にして東京を動かなくなった」。その間に、啓作のエロスは骨董のほうに流れていたのである。

彼らの行きちがいが決定的に意識されたのは、次女の品子が病気になり、その治療に高価な薬の注射を必要とするというときだった。折しも当時のアメリカの進駐軍の大佐が、啓作のもっている例の「呉須赤絵」の花瓶を多額の金で買いたいと言ってきた。千賀子にすれば渡りに舟の話だが、啓作はそれを承知しないばかりか、「千賀子が無断で持出しでもせぬかと疑って、啓作は花瓶をある銀行の倉庫へ預けにいった」。これでは、まったく行きちがいどころか断絶である。

千賀子は英語ができるので、日本の春本を英訳してアメリカで売るといういかがわしい仕事に加担して金を得ることにする。「啓作の惜しんでいる赤絵の花瓶を品子の病気のために無理に売らせるよりも、自分だけの中に恥を食いしめる方が意地が立った」。エロスが行き場を失うと、そのエネルギーは意地を張ったり、怒りになったりすることに変換される傾向がある。ところが、千賀子が翻訳する文章は、性の露骨な描写があったりするので、それに影響されて、千賀子の心身も揺れるのである。

長女が外国に旅立つのを送って帰った夜、啓作は珍しく、イタリーの上物のヴェルモットを買ってきた。久しぶりに、ということで二人で差し向かいで、グラスを交わしたが、何となく奇妙な気分であった。「漠然と馴れ寄って来る気配を千賀子はヴェルモットのグラスを持っている啓作の眼色に感じた」。千賀子は不思議なときめきさえ胸に感じた。しかし、それは一方では「気味のわるい」ものでもあった。そんなときに啓作が決定的なことを言った。

「あんた、髪の生え際がめっきり薄くなったね」

啓作は千賀子がはじめて断髪にしたとき、二カ月も気づかないままでいたような男である。それがなぜ急にこんなことを言いだしたのか。「妻の容姿についてついぞ骨董品に対するような細かい眼を利かすことのなかった啓作が、何に感じてこんなことをぽつんと言出したものか」。

エロスがはたらいていないとき、男はそれほども女の姿に気をとめていない。啓作は娘が旅立ち、二人だけでヴェルモットを味わったとき、ほんの少しエロスが流れ出すのを感じ、妻の顔を見て、髪の生え際がめっきり薄くなっていることに気づいたのである。それを何気なく言ってしまって、妻の心を傷つけたことなど彼は全然気づいていない。こんなふうにして、夫婦の行きちがいは際限なく続いてゆくのである。

「坂」への恋

せっかく夫婦の間にエロスが流れかけたのに、夫はそれを無意識のうちに断ち切ってしまった。千賀子にしても容貌を問題にされて傷ついたものの、夫とのエロス関係を復活させる気持ちなどなかったであろう。エロスは既に述べたように、簡単には人間の手におえぬ怪物なのである。といって人間はそれと無縁でいるわけにもゆかない。エロスのもつ強力な融合の力は、日常的に大切にされている隔壁を破るものである。

そこで、ひとつの方法としては、エロスの世界をはっきりと他と隔離し、エロス的体験と非エロス的体験を別々にもち、そのバランスを考える方法がある。もう一つは、何とかしてそのような隔離を排し、生と死、日常と非日常、精神と肉体というような区別をこえて、全体としてのエロスを体験する方法である。一人の人間によって、その人間の全体としてのバランスによって、それが維持されるのである。このような極端な分類はあくまで便宜的であるが、この分類に従うと、男性は前者、女性は後者の形をとることが多いと言えるのではなかろうか。

男性で後者のようなエロスに早くから心を惹《ひ》かれたら、その人は一般社会のなかで普通に生きてゆくのに非常な困難を感じることだろう。女性でも社会的地位などを求めて努力しようとする人は、前者のようなエロスのパターンになりがちであろう。中年になって、エロスを生きるということは、何とかして既に述べた二つの形を共に生きようとする、あるいは、少なくとも自分と異なる方法に対しての可能な限りの理解をもつ、ということではなかろうか。

千賀子のエロスは、むしろ子どもたちに向けられていた。エロスの融合性が母性と共に発揮されると、子どもはそれを母の愛としてよりも桎梏《しっこく》と感じるほうが多いのではなかろうか。そして、そのように感じたためであろう。二人の娘は共に家を出てしまった。ついでのことながら、このようなとき、教育ママなどと言って女性だけを非難することはない。妻のエロスの対象として落第している夫も、責任は同じである。夫婦のどちらか一方だけが「悪い」ということは、ほとんどないように思われる。

子どもは出て行ったし、夫も対象にならないとすると、千賀子のエロスはどこに向かって流れることになるのか。長女がいなくなったあと、「しばらく何となく千賀子に馴れ寄るように見えた啓作も、千賀子が意識して身を退くのを見ると、又、旧態の生活に還った」のである。そのような夫婦の陰気で平穏な生活の描写のあとに次の文がくる。

〈千賀子が坂と親しくなったのは、こういう生活の埒《らち》を夫との間にどっかり据えてからであった〉

これは、うっかり読むと千賀子が「坂」という男性と親しくなったのではないか、と思わせる。しかし、それは当たらずとも遠からずなのである。千賀子は「坂」に恋したのである。その「坂」については『妖』の冒頭に次のように語られている。

〈その静かな坂は裾の方で振袖の丸みのように鷹揚《おうよう》なカーヴをみせ、右手に樹木の多い高土手を抱えたまま、緩やかな勾配《こうばい》で高台の方へ延び上っていた。片側には板塀《いたべい》やコンクリート塀がつづいていたが、塀の裏側は更に急な斜面に雪崩《なだ》れ込んで崖下《がけした》の家々は二階の縁がようやく坂の面と並行する低さだった。言わば坂は都心にしては広い丘陵地帯の一辺を縁どって低地の人家との間に境界をなしている形である。遠い昔には恐らく台地の一斜面に過ぎなかったのが、いつか中腹に帯のようにひろがった道が人や馬の踏み固めるままに自然の切通しになったものであろうか〉

ながながと引用したが、この「坂」こそ、千賀子の恋人なのである。千賀子はよく坂に出て、その雰囲気に浸っている。どうしてあんなところに立っていたのかと聞かれて、彼女は「恋人を待っていたんですよ」と冗談を言ったりするが、それはまんざら冗談ではなく、坂が彼女に「恋人」を連想させるのである。というより、やはり恋人そのものと言っていいだろう。

女性的なエロスは円環的、全体的である。『妖』に語られる坂の情景は女性のエロスを妖しく描き出してくれている。坂をいろいろな人が通りすぎる。「凝《じっ》と身を横にして斜め上の坂の地面から聞えて来るそれらの人間臭い音に耳を預けていると、起きて眼でみている時よりも遥かにその人々の動き語っているさまが生々浮び上り、心を揺りたてるのである」。また、坂にぼんやりと立っていると、「この坂を上り降りするように自由に過去と現在の間を行き通うような錯覚を千賀子は度々感じた」のである。エロスはすべての人々を含み、過去も未来も含みながら、全体を融合している。また、それだけに、人間はそのようなエロスに溺れきって生きてゆくことはできない。啓作が無意識に妻の嫌がることを言ったり、千賀子も意地を張ってみたりするが、これは、自分の「個」ということに重みをおくと、エロスは避けたいものとなるからである。あるいは、「仕事」もエロスを敬遠する（もっとも、エロス関係の仕事をしている人はいるけれど）。

このように考えてくると、中年のエロスの困難さがよくわかる。そこで多くの人が、エロスの対象として人間以外のものを選ぶことによって、何とかバランスをとっている。そこには各人の工夫があり、それはそれで結構であるが、それについて自覚しておくことは必要である。

深夜の来訪者

啓作は骨董に、千賀子は坂に、それぞれエロスの対象を求め、「平和」な暮らしをしている。しかし、それはやはり味気ない感じがする。エロスは何と言っても人を対象にしてこそ、深く体験することになるからであろう。生きた人間を相手にし、異性を理解するという、不可能とも言える課題に挑戦し続けることによってこそ、中年のエロスの味がわかってくる。しかし、そのためには相当な苦しみも体験しなくてはならないだろう。千賀子にとって、啓作を相手にそれをやり抜くことは絶望的だった。だからこそ「坂」にそれを求めたのだ。しかし、人間の形をとって表されるエロスは、いろいろな「来訪者」となって千賀子の前に出現する。実際、中年の男女にとって、このような来訪者（偶然に来たりすることが多い）とどのようなつき合い方をするかは、その後の生き方を左右する重大さをもつのである。

千賀子にとっての最初の来訪者は、偶然にではなく、決められたこととしてやってきた。彼女はそのときは日本古典の英訳をしていたが、その指南役としての国文学教師、遠野が、おきまりの時間に来訪してきた。いつも会っている人に対しても、こちらの心の持ちようで違って感じられるときもある。三十三、四歳といっても、戦争で苦労して何やら老人くさくなり、総入れ歯をいれている遠野を、千賀子は、この日は何となく違う感覚で迎えたのである。

千賀子は『伊勢物語』の六十三段にある、老女の「つくも髪」をどう訳そうかと遠野に相談する。これは業平と老女の恋物語であり、その老女の髪が「つくも髪」と表現されているのである。

千賀子はふと額に手をやって、「こんな髪じゃないかしら」と言う。遠野は啓作のように千賀子に接近して生きているわけではないので、「まさか」と言い、「まだ若いじゃありませんか」と言う。こんな社交辞令では満足できぬ千賀子の連想はすっとんで、「遠野さん、あなた奥さんと接吻する時変じゃないこと?」と言って遠野を呆れさせる。総入れ歯の接吻では奥さんが味気なくはないか、ということだが、そこには、もちろん、千賀子も(そして啓作も)入れ歯だという事実が背後に動いている。

遠野は入れ歯談義を続けた後で、千賀子はこのごろ「ぎょっと」することを言うと指摘する。「稲妻みたいにぎらっと来る」のである。つまり、抑えこんだはずのエロスは、このような形で誰か異性に向かって、稲妻の如く放射されるのだ。遠野は何とかこの稲妻を防御したので、二人の間には何も起こらなかった。しかし、エロスの稲妻に打たれて死ぬ人や、稲妻のエネルギーを利用して再生する中年の人もいる。

遠野と思いがけない会話を交わした後で、千賀子は「前よりも一層化粧を濃くしてよく坂に出た。雨の中に傘をさして立っていることもある。すり硝子《ガラス》のような半透明な梅雨時の光線の中で、千賀子の粧った顔は年のわからない不思議な若さに滲んで見えた」。ここから千賀子のファンタジーは急激にひろがり、創作をはじめ、そのなかで、夫の秘蔵する例の呉須赤絵が割れてしまうシーンを描いたりする。対象としての人間を見いだせぬエロスのエネルギーは、相当な復讐のために消費されるのである。

そんなときに、次の来訪者が現れる。それも偶然に、夜更けにやってきた。千賀子は寝入っていたが「けたたましく鳴るベルの音に眼を覚ま」す。啓作も起きてきて、「うっちゃっても置けまい……いやだな」と言いながら戸を開けて出て、門のところをうかがう。

ところが、それは何のことはない、二人の若い男女が抱き合ってキスをしていて、体が呼び鈴のボタンを押し、その音が鳴り響いていたのである。啓作の声に驚いて、二人ははじかれたように離れ、坂の下へ駆け下りていった。

〈狐につままれたような呆《ほう》けた顔で、寝間着の啓作と千賀子は雨後《あめあと》の濡れ光る坂道の真中に立っていた。顔を見合わすと何とも言えぬ奇妙な笑いが、二人の同じようにす

ぼんだ口のあたりに浮んでいた〉

来訪者は千賀子のところにだけ来たのではなかった。それは啓作にも千賀子にも「目を覚ます」ことを要求した。若い二人は他人の迷惑などまったく念頭に置かずに、男性と女性とが結合の力に身をまかせ得ることを、目のあたりに見せてくれるためにやってきたのだ。啓作も千賀子も不注意な若者の行為に腹を立てながらも、その来訪者の意味をどこかで感じとっていたのだろう。「何とも言えぬ奇妙な笑い」が、入れ歯をはずした二人の「すぼんだ口」のあたりに浮かんだのは、そのためであろう。しかし、来訪者がせっかくもたらしてくれた「意味」を、二人が共に生きてゆくのは、少し手遅れの感がある。目を覚まされた二人もすぐに眠ってしまい、これから「平和」な夫婦生活をおくり、老いを迎えるだろう。もっとも、老いたからと言ってエロスはいつ来訪するかわからないのだが。

（引用は、新潮社刊『新潮現代文学19巻　円地文子』所収、『妖』から）

第7章　男性のエロス　中村真一郎『恋の泉』

現代男性のエロス

既に「第6章　エロスの行方」において円地文子の『妖』によって、女性のエロスについて述べたが、ここでは男性のエロスに関して、中村真一郎の『恋の泉』を取りあげて述べることにしよう。この作品では、一人の中年男性を主人公として、エロスの問題が語られてゆくが、当然のことながら、それは男性の思想と絡み合っているのであって、そこからエロスのことだけを抽出して語ることなどはできないのである。一人の中年の男性が現代を生きるということには、いろいろなことが関係してくる。この作品には、東洋対西洋という大きい問題も、常に背後で動いている。それらのことを無視して、現代人のエロスを語ることはできないのではなかろうか。

四十歳の中年男性、民部兼広は独身。演劇の世界に生き、そこで多くの女性との関係を重ねてきた。今日も彼は、二十歳になったばかりの新進女優、唐沢優里江が訪ねてくるのを待っているのだが、深夜までのリハーサルを終えて来るはずの彼女を待ちくたびれて、寝入ってしまい、夢を見る。

夢のなかで彼は二十歳だ。金の雨を受け、金色に輝いて軽やかに歩く。自由で無限の可能性に満ちている。彼は戯曲『恋の泉』を書きあげたことを友人の魚崎に告げ、「日本の新劇というものが、ようやく本当の根を発見したのだ」と喜びを分かち合う。そこで時間が急に横すべりして、彼はいつまでたっても上演の機会がなかった『恋の泉』のための主演女優を探している三十歳の彼になる。そして魚崎と彼は、あの女こそ「女主人公のイメージそのもの」という女優を見つけ出す。しかし、彼は既に四十歳になり、せっかく見つけた彼女——萩寺聡子《そうこ》といった——が、ヨーロッパのどこかに姿を消して行ったことを思い出す。夢から覚めながら、聡子が部屋の中央に金色に輝いて裸で立っているかと思ったが、目覚めてみると、それは彼を訪ねてきた唐沢優里江の姿であった。

この夢はなかなか示唆的である。四十歳の民部と優里江との関係には、二十代からの彼の人生のすべてが絡み合っているのだ。エロスはいろいろな隔壁を破り、区別をなくしてしまう力を持っている。優里江は民部のことを、「恋人、父親、先生、そういうものを全部一緒にしたようなもの」と言っている。日常の世界では区別されることらのものが、ひとつになって感じられるのだ。優里江と対しているとき、民部は二十歳、三十歳、四十歳の区別がなくなるのを感じるのである。エロスが強くはたらくと年齢差など、まったく問題でなくなってしまうのだ。

リハーサルが夜じゅう続いたので朝五時にやってきたと言う優里江とベッドを共にした民部は、朝八時に目覚める。このような自由な時間を、彼は「何と冥府《めいふ》に似ていることだろう」と思う。「私は自分が、若い女と二人きりで閉じこもっている、この部屋を、死後の生活に今、自分がなぞらえようとしていることに気がついて、苦笑した」。

性の体験は、死の体験につながるところがある。それは限りなく生命力を感じさせるものであるが、合一の瞬間は女性にとってよりは男性にとってのほうが、死と結びつくことが多いようである。エクスタシーとは、語源的に「外に出て立つ」ことを意味している。性のエクスタシーは、この世の「外に出て立つ」体験をさせてくれる。

優里江の傍らに身を横たえたまま、民部が過去のことをあれこれ考えていると、電話がかかってきた。それは思いがけず、彼が若いときに劇団で共に情熱を燃やしていた柏木純子からのものであった。彼女はフランスから帰国したばかりだと言う。彼女との会話の間に、民部は若かったころのことを思い出す。彼らが同じ劇団に所属していたころ、夢のなかにもチラリと出てきた女性、萩寺聡子を彼は好きになるが、柏木純子が嫉妬して、民部を誘惑する。その結果を純子が聡子に通告したために、聡子は仲間から姿を消し、フランスに行ってしまったのだ。

　このような手前勝手な純子だったが、今はフランスでプロデューサーとして相当に活躍しているらしく、あちらで売り出し中の女優・氷室花子を連れて日本に帰国してきた。その花子が「久し振りに」民部に会いたがっていると言う。

〈「久し振りに？　じゃあ……彼女はぼくを前から知ってるの？」

「何を云ってるのよ。忘れたの？」〉

　それを聞いた途端、民部の脳裏に聡子の姿が浮かび、花子は聡子なのだと気づく。民部の想念は自動的に動きはじめる。氷室花子の写真は見たことがあるが、昔の聡子と現在の花子とをひとつに重ねるのは容易ではない。民部は考える。「私は、萩寺聡子から氷室花子への変容については全く知らないままで、今朝は変容の第一段階を夢に見、今夜は変容の最終段階を現実に見ることになったわけだ。そう考えると、私は懐かしさより、寧ろ、知的認識欲の満足の味わえるのだという予感から来る愉しみを感じだした」。

彼は下着をつけ、衣服を着て「一個の社会人」としての形を整え、「ベッドの上で枕を抱いて行儀の悪い姿勢で、健康な寝息を立てている」優里江を残して外に出る。その後、仕事をすませて、花子と純子の泊まっているホテルに行き彼女たちに会う、というより花子に会う期待に心を動かされながら、優里江を置いて出て行くのである。男性のエロスは、直線的に誰かに向かい、他のことは念頭になくなってしまうのだ。

二人の女性への愛

民部が演劇研究所の前まで行くと、テレビの演出をしている木戸に呼び止められる。木戸も若き日の演劇仲間である。彼は演出家として有名になるにつれ、「民部先生」「民部さん」「兼さん」と呼び方を変えるようなところがある。二人は、民部が秋の芸術祭のために書いている台本について話し合う。その主人公のイメージとして、民部は木戸も知っている萩寺聡子の名を出してみる。木戸は、主人公として唐沢優里江を考えていたので、二人のイメージは違いすぎるという。民部はしかし、「ぼくとの関わり方においては、ところが二人は非常に近いんだ。いや、ぼくのなかでは、聡子体験と優里江体験とは照応し、諧和《かいわ》している」という。

民部はこう言いながら、聡子と会ったときの記憶が生き生きとよみがえってくるのを感じた。誰もいない庭園で、聡子は一気に駆け寄ってきて、「私の差し伸ばした手のなかへ、飛びこんできた」。これは民部が研究生である彼女とはじめて二人きりで会ったときのことであった。優里江のほうは、どうだったか。ごく最近に民部が風邪で半月ほど休んだあとで研究所に出て行ったとき、稽古場で喋っていた二十人ばかりの研究生のなかから、優里江は突然に立ち上がって、民部の胸に飛び込んできて、早く治ってよかったと叫んだのだ。

　聡子は誰ひとり周囲にいなかったときに、優里江はまるで周囲に誰ひとりいないかのように、しかしどちらも瞳を歓喜に輝かせて一直線に民部の胸に飛び込んできた。そして、いずれのときも、彼は彼女たちを愛していることに気づいたのだ。

　民部の戯曲『恋の泉』の主人公の幕切れの台詞は、「私はこの泉から、またもや、新たに恋の水を掬《く》む。しかし、異なるのは杯だけで、中の水は同じものなのだ。……」というのである。これは即ち、この小説『恋の泉』のテーマである。

　木戸と別れると、入れ替わりに木戸の妻がきて、木戸が優里江と関係ができて、そのために月給を家に入れないのはけしからんと言う。昨晩も木戸は優里江と一緒にいたはずだといきまくのを聞くと、民部は心配になってくる。優里江は朝の五時までリハーサルだったと言っていたが、彼女は木戸と遊んでから民部のところにやってきたのだろうか。

木戸の妻も若いときは劇団の仲間だったが、そのころを回想し、自分は民部が好きだったが、民部が聡子を愛しているのを知って、手を引いたのだと言う。彼はそんなことは忘れていたが、木戸の妻の話を聞いているうちに、そのことを思い出し、民部は当時の聡子に対する激しい思いを心のなかによみがえらせて、その夜に聡子に会うことの期待がにわかに高まってくるのを感じる。そして彼は、聡子に会う前に、若いときに書いた『恋の泉』をもう一度読み返そうとして、アパートに帰ってくる。そこで彼は、優里江がベッドで眠っているのをみて驚く。「ああ、おれはこの女を忘れていた！」と彼は心のなかで叫ぶ。

いったい聡子と優里江とどちらを自分は愛しているのか。しかし、そのことこそ既に紹介した台詞にあったように、それは彼の『恋の泉』のテーマだったことだ。もちろんそれを書いたころの若い彼は、「青年らしい空想」を「能楽的表現に適わしい主題として」、「ひとりの女優に、幾つかの仮面を次々につけさせ、異なる環境の女を象徴的に演じさせることへの興味」によって、そんな物語を思いついたのだった。しかしそれが現実となり、「深い真理として、四十歳の私を苦しめることになろうとは」思ってもみなかったことであった。

民部は聡子と優里江のことについて、いろいろと思いをめぐらせる。そして、「遂に、聡子に対する気持と優里江に対する気持とを、対立するものとしてではなく、諧和するもの——拡大して云えば、ひとつの愛のふたつの現われ方という風に理解することで、和解させはじめていた」。

エロスはいろいろなものを融合せしめる。聡子体験と優里江体験が融合する。しかし、融合はまったく別のところにも生じる。民部の友人、最初の夢に出てきた魚崎は、民部の愛する女性をすぐに愛するような傾向があるが、これに対して、魚崎が民部に友情を感じているなら、友人のことを思って自分の気持ちをおさえるはずだと考える。しかし、また思い直して、魚崎が「友情によって、私と融合し、私の眼で彼女を眺めるようになる。こうして、彼女に対して、欲情が発生する」ということも可能だと考える。確かに、そのような融合が生じることもあるだろう。これは親しい友人や師弟の間に恋の鞘当てが割によく生じることの、ひとつの説明になることであろう。

先に示したような優里江体験と聡子体験の融合を諧和させてゆくことは可能としても、後に述べたような魚崎との融合を諧和させることは、なかなか困難であろう。何もかも融合と諧和でうまくゆくものではなく、融合はまったくの混沌《こんとん》へと導くことになることもある。エロスはこのように、実に強力なものであり、その融合力を単純にたのしんではかりもいられないのである。

肉の俗説への疑問

民部は優里江を抱きながら、さきほど木戸の妻から聞いたことを思い出した。優里江はリハーサルが長びいて朝の五時になったと言っていたが、本当は木戸と遊んでいて遅れたのだ。「本当のことを云え」とつめよると、優里江は「ごめんなさい。だって、優里江、遊びたかったんだもの」と呟く。民部はそれを聞くと狂暴になった。荒々しく優里江を愛しながら、「こうした快楽の瞬間には、人は自我の限界から脱け出るのだ。だから、愛情は意識の表面から消え、解放感だけになるのだ。私は激しい運動の合間に、時々、そんなことを瞬間的に考えた。いや、相手が優里江であるという事実すら、今は重要ではない。これは萩寺聡子の肉体かも知れないのだ。……」。

民部は聡子を思いながら優里江を抱くことで姦淫を犯しているのだろうか。しかし、それは背徳的などということではなく、「肉の行為そのものが、たしかに、超個人的な要素を持っているのだ。私の自我は、その陶酔感によって、意識の中心であることをやめる」。そこでは二人が融合しあって、どちらがどちらともわからない、一匹の「四本足の獣」と化してしまうのである。「だから、そこに確かにあるのは、ひとつの快楽による陶酔状態であり、その中では、私とか優里江とか云う個々の人格は極く小さなものになり終えている。そして、それが陶酔であるのは、そのようにして、私たちの魂が自我の牢獄から遁《のが》れでるためなのではないか」と民部は考える。

このような魂の解放ということに重きを置くならば、それが別に男と男、女と女の関係でもいいのではないか。

〈ふたつの肉の存在は消滅し、ひとつの陶酔が代って生れると云う風に考えるなら、その素材としての肉は男と女との組み合せの他に、男と男、女と女との組み合せも可能なわけだろう〉

〈もし宗教的法律的な禁圧がなかったなら、同性愛も変態的行為ではなくなるわけだ。肉の交わりにおいて、もし変態的行為があるとすれば、それは二つの肉が抱き合いながら、ひとつの陶酔を生みだすことを拒否する場合、つまり一方か両方かが、頑として個人の意識であることをやめない場合だろう〉

一般に「肉の俗説」とでもいうべき考えがある。それは「男は一度、女を識れば、急速に興味が減退する」という考えである。他方で、「ひと度、肉を識ればその相手はそれ以後、特別の人間となり、他人ではなくなるから忘れられなくなる」という考えがある。こちらのほうを中村真一郎は「肉の神話」と呼んでいるが、私はどちらも

「肉の俗説」と呼ぶといいような気がする。それはともかく、この俗説に対して中村は疑問を呈している。

肉の俗説は、ほんとうの融合を経験しないとき、「愛のない孤独な戯れの場合に起る現象だろう」と民部は（つまり中村は）考える。確かにそのとおりで、いわゆる好色は、このような味けない冷却を体験するので、それをまぎらわすために、また次の相手を見いださねばならなくなってくる。このような人は多くの体の結合と魂の乖離《かいり》を繰り返すことになる。これに対してエクスタシーをほんとうに体験したときは、それは「肉の記憶」とでもいうべきもので、「ふたつの肉は離れても、うまく元どおりに自分だけの感覚を取り戻せない。身体のどの部分かに、相手の感覚を貼《は》りつけたまま」のような状態になる。しかし、それは既に述べたように超個人的なものになり、特定の個人の記憶以上のものになる。したがって二人の人間の個人的結びつきを超えたものになるはずである。それは通俗的な意味で、どちらかが相手から「離れられない」というのとは異なる関係である。

ところで、民部は木戸に会って、その日は朝五時まで本当にリハーサルをしていたことを知る。つまり、優里江は最初に言っていたとおり五時まで仕事をしていて、それから民部のところへ来たのだ。とすると、わざわざなぜ「遊びたかったの」などとうそをついたのだろう。考えだすと、木戸もうそを言っているのかと思われる。民部はわからなくなって優里江に直接に確かめる。彼女の答えは、「どっちでもいいじゃないの」だった。「面倒くさいことは、私、嫌いよ。どっちだっていいじゃないの。先生が思いたい方を、いつもその通りだと思っていればいいのよ。私、いちいち弁解するの、嫌なの」と彼女は言った。

ここに細かくは紹介しないが、民部は優里江がうそをついたと思ったとき、それについて実にながながと考えるのだ。うその意味について、外的存在と内的体験についてなどなど、よくこれだけ考えられるなというほど考える。しかし、優里江にとって、そんなことは「どちらでもいい」のである。二人が愛し合っているという確信さえあれば、そんなことは「思いたい方を思っている」といいのである。

このような対比は恋人の場合、よく生じることである。一般に男のほうが考え、女のほうがそんな面倒くさいことは不必要、という場合が多いが、ときに割合は交代するときもある。愛するためには、ひたすら考えることも、考え抜きで信じることもどちらも必要で、したがってお互いに役割を分担するような形をとることが多いが、それがうまく共同しているときはいいが、バランスが崩れると、互いに相手を強く非難したくなるものである。一方は、「あんなに思慮に欠けた奴はいない」ということになるし、他方は「信じることができない、疑い深い人」ということになるだろう。愛というものは、実に微妙なバランスの上にたっており、それが崩れると、一転して憎しみに変わり得るものなのである。

「事件」と「体験」の違い

民部は柏木純子と氷室花子が待っているPホテルに行き、二人に会う。そして、氷室花子が彼が勝手に考えていたように萩寺聡子ではなく、かつての劇団の研究生だった氷室巴《ともえ》であると知って、愕然とする。民部は当時を回想し、カトリックで、他の研究生とは異なる「カタイ」人間だった、若いころの氷室巴の姿を思い出す。それに、そのような彼女と結婚したいと思ったことさえ思い出したのである。

民部が「結婚」のことを言うと、氷室花子は、自分はそのような日本の「家族的エゴイズム」から自由になったと言う。花子によると、パリで花子と聡子は親しい友人として一緒に暮らしていたが、花子が聡子の役を奪う形でだんだんと出世して、その陰で聡子は自殺してしまったのだった。花子は民部に、これを見てと、聡子の歩き方を演じてみせるが、民部はそれを見ると、聡子が死んで花子のなかによみがえったように感じる。

ふたりと別れてPホテルの一室に泊まることになった民部は、酔いのなかであれこれ考え続け、やはり花子の部屋を訪れようと決意し、そこに向かう。そして、そこに彼が見たものは、ふたつの絡まり合った裸の肉、純子と花子とのそれであった。

〈私は自分が王朝末期の悲劇的な性愛の逆転の世界、官能的陶酔の彼方《かなた》で性別も人格も生の論理もひとつの混沌《こんとん》とした甘美な無時間の恐怖に融合してしまった世界、あの『とりかへばや物語』の世界のなかへ、今、不意に入りこんでしまったような幻想に捉えられて行くのを感じながら、余りに明るい電燈の光の下で、現実とは思えぬほど、ゆるやかにうねりはじめた、白い肉塊を、眺めつづけていた〉

このようにして、この複雑に絡み合った筋書きをもつ作品は終わりとなる。ここには紹介できなかったが、魚崎も関係して虚々実々、男女の関係は錯綜を重ねるのであり、詳しく知りたい方は原作をお読みいただきたい。

中村真一郎がここに王朝絵巻のように繰り広げてみせる、男女の織りなす世界は、「私はこの泉から、またもや、新たに恋の水を掬む。しかし、異なるのは杯だけで、中の水は同じものなのだ」ということを、まず述べようとしていると思われる。これは男性のエロスを述べる言葉として、当を得たものと思われる。

しかし、そこに生じてくる融合というものは、自我の存在をおびやかす。おそらく平安時代の男性は、そのようなことにおびやかされずに、彼らの言う「色好み」――これはいわゆる好色と異なる――を理想として生きてゆけたのであろう。現代人であるわれわれは、単純に平安時代の真似をすることはできない。かといって近代自我を大事にしすぎたり、氷室花子の言う家族的エゴイズムに生きようとすると、エロスの泉から水を掬むことはできなくなる。ここに現代人にとってのエロスの問題の、途方もない難しさが生じてくる。

この作品はこれらのことをすべて勘案しつつ書かれているので、実のところ、この少ないスペースにすべてを紹介できないのが残念である。ひとつ大切なことをつけ加えると、唐沢優里江は日本男性とフランス女性とのあいだの子なのである。そして、優里江の父が学者として戦中から戦後にかけて、いかに思想的に「日本的無節操」ぶりを発揮したかが述べられている。そのような父を優里江は毛嫌いしているのだ。

このことは全体の話と大きくかかわってくる。融合ということが安易にとられて、あいまいさのほうに傾きすぎては、現代に生きる人間とはいえないであろう。自我のもつ一貫性ということは大切にしなくてはならない。とすると、聡子、優里江などの女性をつぎつぎと融合せしめてゆくことは、女性の個々の自我を壊してゆくことにならないだろうか。それは女性を個人として尊重していないということになる。

ここに男女の関係、エロスの問題の難しさがある。そこで、中村真一郎の考えたことは、融合の体験とは両者ともに超個の体験である、ということではないだろうか。自我が大切といっても、それをいつもいつも中心に据えていては生きることの意味が表層的になりすぎる。そもそもそれでは、死ということの位置づけができなくなる。死によって自我が消滅してしまうのだったら、生きていることにどれだけの価値があるのか。

魂というものの存在を思うことによって、人間の生は深みをもつ。魂という超個の存在に触れるひとつの道としてエロスがある。自我は一時、その中心を譲って、エクスタシーが訪れる。しかし、その後にそれについての自我の関与があってこそ、それが「体験」と呼ばれるものになるのではなかろうか。エロスだけが独り歩きすると「事件」になる。しかし、それが自我と魂との間の葛藤として、その人間存在全体をゆさぶるものとなるとき、それはその人の「体験」となるのではなかろうか。そこには超個の体験も含まれるものではあるが、その人としては、「自分の生きた体験」として語れる類のものとなるのではないかと思われる。

（引用は、新潮社刊『新潮日本文学48　中村真一郎集』所収、『恋の泉』から）

第8章　二つの太陽　佐藤愛子『凪の光景』

朝日と夕日

中年もそろそろ終わり、老年に向かう年ごろの女性から、つぎのような夢を報告されたことがある。

「夕日が美しく沈んでゆくのを見ていて、ふと後ろをふりむくと、もう一つの太陽が東から昇ってくる」

実は、「二つの太陽」の夢を報告した同年輩の女性はほかにもおられ、深く心を打つものがあった。

今、老年に向かってゆく年齢の女性は、自分の青春を生きてこなかった、と感じている人が多い。そろそろ老年というときに時代の風潮が変わって、「若者文化」の社会になってきた。若者たちは、いかにも生活を享受しているふうに見える。英語のエンジョイという言葉が、ぴったりである。ところが、自分たちの青春は灰色に近い。ともかく「楽しい」ことは罪悪だ、と言ってもいいほどであった。忍耐は美徳の最たるものであった。親に言われるままに、あるいは一度の見合いだけで結婚し、生活することが第一で、そこには恋とか愛とかの言葉がはいりこむ余地はなかったのだ。

しかし、社会全体の変化のなかで生きていると、自分の心のなかで、まったく可能性のないこととして押しやっていたことが、むくむくと頭をもちあげてくるのである。自分にも「青春」とやらがあってもいいのではないか、自分も「自立」を求めて生きるべきではないかと思えてくる。それは、昇る太陽のイメージによって表すのがふさわしいものである。しかし一方では、自分は死の方向に向かってだんだんと歩をすすめているのも事実である。それは落日のイメージによって表現される。とすると、心のなかに二つの太陽が存在することになる。

昔話に「太陽征伐」というのがある。昔、太陽が二つあって、夜昼の区別がなく、いつも明るいので、人間が休息がとれずに困っていた。そこで人間が工夫をこらして、ひとつの太陽を射殺したので、それが月になり、夜昼ができてよかった、という物語である。ところで、人間の心のなかの二つの太陽は、簡単に「征伐」できるようなものだろうか。いったいどうすればいいのか。これはなかなか深刻で、現在のわが国には、この問題をかかえている女性が相当におられることも事実である。

この問題を考えるために、今回は佐藤愛子の『凪《なぎ》の光景』を取りあげることにした。この作品のなかの登場人物の一人、信子は六十四歳。彼女がいかに「二つの太陽」の問題に対応していったのかを、この作品は生き生きと描いてくれる。そして、彼女を取り巻く家族たちも、その問題と深くかかわってくる。その様相も巧みに述べられているのである。

「大庭丈太郎のことを、人は幸せな男だという」というのが、この小説の書き出しである。丈太郎は七十二歳。信子の夫である。確かに彼は幸福だ。東京で、昔安く買った百坪ほどの土地つきの家に住んでいる。小学校長退職後は教育委員長などをし、七十歳以後は公職を退いて悠々自適。広い敷地内に息子夫妻も住み、孫もいる。つまり、何も悩みのない生活なのである。それに妻の信子は、結婚以来、我を通しがちな丈太郎に文句も言わずについてきてくれている。「もし今の自分に幸せがあるとしたら、信子という妻がいることだろう」と彼は思っているほどだ。しかし、人間の幸せというのは、思いのほかに、もろいものなのだ。

ある日、信子は女学校のクラス会に出かけると言う。丈太郎は妻の厚化粧とヒラヒラした服装に驚くが、驚きはそれだけではない。彼女は「生活の意識改革をすることにしたの」と宣言したのだ。「丈太郎はポカーンとして坐っていた。何が何だかさっぱりわけがわからない。信子の上に何か新しい事態が起きたらしいことはぼんやりわかるが、それがいったいなぜ起きたのかがわからない」のだ。「新しい事態」、それは信子の心のなかで、もう一つの太陽が昇りはじめたことなのである。

　丈太郎は息子夫婦のところで食事をし、一人で家にいると、「信子がいるのといないのとでは家の中の空気が違う」ことを実感する。「古茶箪笥みたいなものなんだな。女房というやつは。生活に喰い込んでいる」と彼は思う。しかし、遅く帰ってきた信子はあまり「古茶箪笥」らしくなかった。いつものように風呂にはいった丈太郎が「背中――」と、背中を流すように言うと、信子は「背中はご自分で洗って下さい」と宣言した。

　青天の霹靂《へきれき》ともいうべき一撃に続いて、信子は第二撃を加えてきた。友人たちと二、三日の温泉旅行をするというのだ。丈太郎は「なんで旅行なんかするんだ」といぶかしがる。彼は妻の心のなかに昇ってくる太陽が、いまだ見えないのである。信子は友人の春江と妙と三人で温泉に行き、春江の離婚の体験談に感動する。春江は夫の浮気を知って、さっぱりと離婚したのだ。彼女が離婚を宣言したら、「亭主ったら、オレがお前や子供を安楽に暮らさせるために骨身を削ってきたのがわからんのかって、トンマなことというじゃない。だからいってやったの。あたしの削った骨身の方はどう考えてるのって」。春江の舌鋒《ぜっぽう》は鋭く、信子と妙は感動して耳を傾けるのである。

春の訪れ

温泉旅行で春江にアジられて、信子はますます強くなってきた。今までとは応対の仕方の異なる信子に対して、これまでの丈太郎なら「俺を何だと思ってる！」と怒鳴るはずなのだが、何だか怒れないのである。丈太郎も不思議に思いながら、信子の言うのに従ったりしてしまう。心のなかでは「信子の方が悪い」と思っているのだが。

太陽が二つということは、秋だと思っているのに春が来たようなものである。実際、信子には「青春」という春が訪れているのだ。信子は、いまだかつてない「恋」を経験する。相手は、向かいの家の目下浪人中の青年、浩介である。浩介は丈太郎に言わせると「最低の男」である。二浪中なのに、ろくに勉強はしない。女の子がよく泊りに来るし、徹夜マージャンもする。この最低の男も信子から見れば「ほんとに優しくて、爽やかで、見れば見るほどハンサム」ということになる。

浩介はアッケラカンとした現代青年の典型のような人物である。信子が夜おそく帰宅してくると、道端で男女が抱擁し合っている。ふしだらな、というのと美しいというのと交錯した思いで信子が凝視していると、男がふとこちらを見た。浩介だった。「あ、おばさん。こんばんは」と、こともなげである。

信子は感激して、彼女の遅い帰宅にイライラしている丈太郎に言う。「そういう時代になってるのねえ、日本も。いやらしくなくて、自然で、格好よくて、すてきなのよ。今や新しい日本人が成長してきてるのねえ……」。丈太郎は「バカヤロウ！」と破れ鐘《がね》のような声を張りあげるしかない。

信子はおかげで何となく若返ってくる。浩介がやってくると信子は浮き浮きしてサービスする。メロンをおいしそうに食べる浩介を見ているだけで心がはずんでくる。信子の息子の謙一は、それを見ていてメロンが欲しくなるが、「これでおしまいなの」とあっさり断られてしまう。謙一は、母が浩介にメロンを食べさせたことに、こだわりを感じる。「あのメロンはずいぶん大きく切ってあった」。昔、謙一が子どものころに、信子はあれの三分の一くらいのメロンを食べさせ、信子自身は決して食べなかったものだ。

新しい日本人、浩介の成長ぶりは凄まじい。彼のガールフレンドが妊娠し、中絶の手術に十万円かかるのだが金がないので困る、と、信子のところに相談にくる。信子が「ふしだら」というのに対して、「これは単にミステイクでしょ？」などと会話してるのが、丈太郎の耳に聞こえてくる。おまけに話しながら桃を食べているペチャペチャという音の伴奏まで伝わってくる。「いったいそれは、桃を食いながら話すことか！」。激怒した丈太郎は走り出てきて、浩介と激論するが、まったくのすれ違いだ。女が妊娠しても、それが自分一人の責任かわからないし、「考えてみると男はソンだなァ」と言う浩介の言葉に対して、丈太郎は思わず拳をふりあげる。しかし、それを彼はふりおろすことができない。浩介を抱きしめてかばって「自分に敵対している妻の、憎しみに輝いている細い目は、彼がはじめて見る目だったからである」。

浩介は信子の膝に顔を伏せて、すすり泣き、「ぼく、おばさん、好きだ……」と言った。

浩介に十万円渡そうかと迷った信子は、春江のところに相談に行き、信子の浩介に対する感情は「恋愛感情」だとズバリ言われ、びっくりしてしまう。信子は浩介の言った「好きだ」を「いやらしい意味にとってはならない。母親の愛情に飢えている青年が、母に代わる者を見つけたということだと考えなければいけない」と思うのだが。

信子の感情は、あきらかに恋愛感情である。もちろん、それには母性愛もまじっているが、何といっても基調になっているのは、青年期の恋である。自分の持っていないものに対する激しい憧憬《どうけい》、そして、その他いっさいの現実に対しての無視。それらが青年期の恋の特徴だ。もし信子の「分別」がもどってくれば、浩介は何の取りえもない若者にすぎないのだが、そんなことは見えない。見えないどころか、丈太郎が浩介を非難すると――それも一理あるのだが――よけいに信子の心の炎は燃えあがってくるのだ。

青春のテーマは「恋」と「自立」である。信子は今までと打って変わって、丈太郎に対して自己主張をはじめる。丈太郎の「昔の青年はよかった」という感慨は、すぐに「今の若い奴ども」への非難につながるが、信子はすぐに反論する。浩介が女の子を泊めているのがけしからんと言うと、それなら昔の男が女郎買いに行ったのはどうなのかと言う。丈太郎は友人に召集令状が来たとき、「女も知らずに死なせては可哀そうだ」というので皆で吉原へ行ったが、自分は何もしなかったと弁解する。信子は「女を知らずに死なせては可哀そうだなんて……。そのためにお金で女を買う……。買われた女は可哀そうじゃないんですか？」。それに対して、浩介のしていることは「それぞれの責任下においてしていること。人間と人間の愛の交歓でしょう」ということになる。

確かに信子の論のほうが、はるかに「合理的」である。丈太郎に言えることは、「人生は理窟じゃない」くらいだが、どうしても声に力がなくなってくるのだ。信子は勢いに乗ってますます言いつのる。「お父さんはわたしを便利に思っていただけで、わたしを愛したことなんかないのよ！」。六十四のばあさんが、今になって「愛」なんて言いだした、と丈太郎は眩暈《めまい》を覚える。しかし信子は、ばあさんなどではない。今は青春のまっただ中を生きているのだ。

家族コンステレーション

『凪の光景』の面白いところは、丈太郎夫妻だけではなく、息子の謙一とその妻・美保の間にもドラマが進行し、それが丈太郎と信子との関係と並行的に描かれているところにある。一人の人間が一人だけで変わるということは不可能といっていいだろう。信子の心のなかに生じてきた春は、信子を取り巻く人々に影響を与えずにはおかないというより、「春」はこの家全体にやってきたのかもしれない。もっとも、その春の訪れを鋭敏に感じる人と、感じない人があるだろうけれど。

謙一は有能な自動車の営業マン、妻の美保は新しいタイプの女性である。仕事と家庭を両立させ、雑誌の編集に活躍している。二人の間には、息子の吉見がいる。丈太郎に言わせると、近所の子と喧嘩もしない、いたずらもしない、泣きもしない、走り回らないの、ないないないづくしの不可解な子であるが、彼の両親はおとなしい吉見に満足している。

美保は家族のことを考える。「一流大学は出ていないけれど理解ある夫、頑固だけれどどこか可愛げのある舅、ネチネチしてるけれどおとなしい姑。何よりも美保に一目置いている。学校の成績はふるわないけれど素直な息子——」。美保は自分を幸福だと思わずにはいられない。

信子の場合、丈太郎の幸福を支えてきたのは私だ、と思っている。しかし、その忍従の生活に対して丈太郎は思い及ばない。美保は新しいタイプの女性である。信子のような生き方はしないし、そういう自分を幸福だと思っている。しかし美保の考え及ばないところで、それは夫の謙一に支えられていたのだ。そして今、信子が独立戦争をはじめたとき、謙一のほうも同時に同種の独立戦争をはじめていた。信子が浩介という相手を見つけたように、謙一には千加という相手が登場してきた。浩介は丈太郎から見れば男のカスのように思えるように、千加も美保から見れば、「意識も低く、才能もなく、か弱い」女の子だった。

家族というものは不思議なものである。別に示し合わせたわけでもないのに、それぞれの内的な心のあり方に、見事な対応関係が生まれてくるのである。コンステレーションというのは、星座の意味である。家族の関係は星座のように、お互いが適当な距離と引力関係をもち、全体としてひとつの布置を形成している。したがって、そのなかのひとつだけが単純に変化することはできない。その変化は、どれが原因、結果などと言えないままに、全体として生じるのだ。

「春」は謙一のところにも訪れてきたのだ。いや、それはおかしい。謙一は美保と恋愛によって結ばれたのだから、春を知っているはずだ、などという人もあるだろう。しかし、春は一生に一度だけというものではない。信子にとっては、確かにはじめての春だったかもしれない（これもよく考えてみるとわからぬことだが）。美保は、謙一とは愛情によって、互いによく理解しあって結婚したと思っている。結婚当時は春だったかもしれぬ。ついさっきまで「うららかな日」が続いていたともいえる。しかし、春はうららかなだけではない。土を貫いて出てくる芽の勢いは、もっと猛々《たけだけ》しく、古来からある春の祭典にふさわしい。そして、ストラヴィンスキーが上手に音楽で表現したような、荒々しさをもっている。

謙一は万事、「当たり障りのないこと」を第一として生きてきた。妻の美保には、本当のところ、言いたいことがたくさんあった。しかし、万事を平穏におさめるように生きてきたのだ。美保はそれを「理解ある夫」をもった幸せと思っていた。それは、丈太郎が信子の気持ちを何ら推し量ることなく、自分の欲することは信子も欲することだと信じ込んで、「よい妻をもって幸せ」と感じていたのと同様のことである。

信子が遂に離婚を申し出たときに、丈太郎は驚きのために怒りさえ忘れてしまう。「よりにもよって謙一の不貞が表面に出た今夜に、なぜこの女はこんなことをいい出したのだろう？」と彼は思うが、だいたい、人生はそのようにできている。家族内コンステレーションの相互の呼応性は、実に計り知れないものがあるのだ。その後、謙一は千加の子宮外妊娠の事実に触れ、責任を取って結婚しようと決意し、美保もそれに同意する。謙一は大いに「当たり障りのある」行為をすることに、一歩踏み出したのである。これも遅まきの「自立」といえぬことはない。自立も春も、何度も姿を変えてやってくる。人間が「自立してしまう」ことなどはないのである。

信子の自立宣言に丈太郎は必死になって抗議する。「ばあさんが一人でアパートで暮らしたって惨めなだけじゃないか」。信子はちゃんと言い返す。「惨めじゃありませんよ。独りの生活にはいろんな可能性が満ち満ちてるわ」と。丈太郎は、それは「どんな可能性なんだ」と食い下がる。これは丈太郎にすれば当然の質問だ。先のことも考えずに「可能性」という言葉だけに迷わされるのは、ばかげている。しかし、信子の返事は「それを見つけるために一人になるんです」というものだ。そのとおりだ。先のことがわかってないから、「可能性」なのだ。老人の取り越し苦労など、よけいなことである。

勝負はこれから

　丈太郎は離婚話でショックを受けて風邪をひき、しばらくは治らないままでいる。彼は考えれば考えるほど、わからなくなる。妻が「田舎娘が都会へ出たがるように」家庭を捨てようとしている。四十一年間の夫婦生活に何の意味があったのか。実のところ、信子も偉そうに言ったものの、「自分で自分の気持ちがわからない」のだ。本当に別れたかったのか。ただ自分が幸福でなかったことを言いたてたかったのか。丈太郎が謝って態度を改めることを期待していたのか。それとも浩介のためか。夫妻ともわけのわからぬなかで、丈太郎が風邪をひいたことで三日間ほどの余裕ができる。体の病気は無意味には生じない。心が支え切れぬ問題を体のほうが少し引き受けてくれて、時間かせぎをしているのである。

　丈太郎は気持ちがむしゃくしゃして、謙一のほうに怒りを向ける。「お前の人生の目標は何なんだ、いってみろ」と言う丈太郎に謙一は、「ぼくらには大志なんかないですよ」と言い、「家族に安穏を与えるために、ぼくはこれでも一所懸命やってきたつもりです。だけどぼくも人間なんだ」と言う。丈太郎はカンカンに怒る。「家族のために己を殺してきた。それが耐え難いからといって女と浮気をするというのか。詭《き》弁《べん》を弄するな！」。実はこれは、彼が信子に言いたいことではないだろうか。「夫のために己を殺してきた。それが耐え難いからといって勝手に家を出てゆくのか、詭弁を弄するな！」と言いたいところだろう。彼の謙一に対する怒りは倍加している。しかし謙一も、もう負けていない。「いっとくけどお父さんのいってることはすべて空論だよ。今は通用しないよ！」。危うく乱闘になるところを信子の仲裁で収まるが、謙一の「自立」の勢いもなかなかである。

信子は遂に友人とハワイ旅行に出かける。その間に謙一と美保の離婚が決定する。丈太郎は、離婚話を持ち出してきた妻にはハワイに行かれるし、息子の嫁も離婚して出てゆくしで、体にこたえて日課の散歩も怠りがちだったが、ある寒い日に散歩に出た。歩きながら、いろいろと考えてみる。

「丈太郎は何の享楽も知らない自分を思った。だがそれがなかったからといって、つまらない人生だと思ったことはない。丈太郎は信念に生きるための苦労と戦ってきた。その苦労が丈太郎の人生を充実させていたといえる。だがそれが妻の不満を増幅させたのだ」

丈太郎は突然に決意する。自分が家を出よう。金も家も信子に与え、自分は過疎村へ行き、塾を開くことにしよう。丈太郎は自分に向かって呼びかける。「大庭丈太郎！　お前の真価はここで決まるんだぞ！」。

一方、信子もハワイで大切な経験をした。実は、浩介がハワイに来ていて、ハワイで会ったのである。浩介と話し合っているうちに信子は離婚して家を出ようとしていることを告げる。浩介は驚くが、「ぼく反対も賛成もないよ、ひとのことだもの」と、にべもなく言う。そして急に「おばさん！　ぼく、おばさんとやりたいな」と言う。信子は必死になって「やめて！」と叫ぶ。浩介は理解できない顔で、「どうしてなの？　だっておばさんは、ぼくがこうするの待ってたんじゃないの？」と言う。そして、泣いている信子を置いて、「さよなら」と出て行ってしまう。

ここで信子の恋は終わった。信子が恋とごっちゃにしている「愛」ということは、この恋の終わったところからはじまるといっていいかもしれない。突然に「おばさんとやりたい」と言う浩介が信子にとって不可解なように、浩介にとっても、やりたいという信号を何度も出しておきながら（彼にはそう見えるのだ）、いざとなると拒む信子は不可解と思われる。そのような不可解さを正面から取りあげ、なおかつ関係を続けようとする決意のなかから、愛は徐々に芽生えてくるのである。

信子が帰国してくると丈太郎は、はっきりと自分が家を出る決心を告げた。とうとう出発というそのときになって、信子は「これから死ぬまでの一人旅の孤独が次第に輪を縮めて」くるのを実感する。このときになって、「思いがけない強い力に押され」て、信子は丈太郎に言う。
「お父さん。ここへきて勝手なようだけどもう一度、考えさせて下さい」。丈太郎はそれに「うん」と答え、信子の「いいですか？」という念押しに「うん」と言ったのだ。

信子はここにきてはじめて、自分の存在の底から湧きあがってくる力に押されて発言した。「お前の真価はここで決まるんだぞ！」と自ら叫んでいた丈太郎も、それに応じた。勝負はこれからである。スローガンに動かされて生きる人間の姿は類型化する。信念の丈太郎、忍従より自立に向かう信子、新しいタイプの女性・美保、無事平穏主義の謙一。それらの姿は、なんとなく類型的であった。信子の最後の決心は、スローガンから出たものではなかった。丈太郎と暮らした四十一年の歳月の重み、浩介との恋愛体験、息子の離婚をめぐるあれこれ。すべての経験のなかから、ひとつの決定が生じた。それは信子の個性から生まれてきたものである。丈太郎もそれなりの経験を踏まえて、「うん」と応じた。

これからの勝負を彼らがどう生きてゆくのか。その生き方次第で、孫の吉見の

「春」の迎え方が、大いに異なったものになることであろう。

（引用は、朝日新聞社刊『凪の光景』から）

第9章　母なる遊女　谷崎潤一郎『蘆刈《あしかり》』

トポスと「私」

中年も少し年をとってくると、あらためて自分という存在に目を向けることになる。いったい自分というのは何者なのか。

もちろん、そんなことは誰しも若いときから、ある程度考えているものだ。若いときだって、自分というものを大切に思い、自分を生かしてゆきたいと思う。そして一般的にいえば、自分のやりたい職業とか、結婚したい相手などが見つかり、そのなかで自分を確立してゆくことになる。

それがある程度成功したとして、そのときに自分とは何かを考えてみると、それを支えてくれるものが、社会的地位や自分の能力や財産や……いろいろあるにしても、それを測定する尺度が外側にあって、そのことによって相当明確に自分の位置を見定められることがわかる。自分は「〇〇会社の××課長である」と思うとき、その会社に対する世間一般の評価や、課長職というものに対する会社内での評価などに支えられて、「俺もたいしたものだ」とか「まあ、そこそこやっている」などと感じることができる。このようにして、「私」とは何か、に相当答えることができるのだ。

このような考えの便利な点は、他と比較することが容易なことである。たとえば「年収」などということを尺度とする限り、その人がどのような職業についていようと、どこに住んでいようと、ともかくピッタリと順位をつけることができる。その尺度はどこにも適用できるという意味で、普遍性をもつ。これがこのような考えの強みである。

しかし、人間が「私」とは何かを考えるとき、これとまったく異なる考え方もある。たとえば「私」とは、今ここに一人で山小屋の前に座って、高い山々の峰を見ている。それだけでまったく十分なときがある。これが「私だ」と感じることができるのだ。そんなとき、その山や空気や、そして自分の体の状況や、それらすべてが渾然一体となり、「私」の感覚を支える。

このような感覚がわからない人は、自分がそのときに見た山が「海抜何メートル」であるのか、自分はそこに行くためにどれほどの費用を使ったのか、その場所は「有名」かどうか、などを強調する。こうした人は、同じように山を見ている「私」について考えるとしても、その尺度は先に述べた一般的尺度に頼っている。

一般的・普遍的尺度はわかりやすいし、他人に対して説得力を持ち、他と比較することが容易なので、多くの人がそれに頼ることになる。しかし、それだけで十分だろうか。「年収」がどれだけ多くとも、「年収」を大きい支えとしている人は、他の非常に多くの人々と同じ人生を歩んでいるわけで、特に「私」というものの独自性を示すことにならないのではなかろうか。それに対して、ある場所である時に、自分のみが「ウン、これが私だ」と感じたことは、他との比較を超え、一般的尺度に還元しがたいものとしての独自性をもつと言える。前者のみならず後者のような観点からも「私」とは何か、と言えてこそ、「私」というものがわかってきたと言えるのではなかろうか。中年から老年にかけての課題のひとつとして、そのような「私」の発見ということがあげられるだろう。

一般的尺度に還元しうるのみの「私」であってみれば、そのような観点から見ていかに「成功」しているとしても、それはこれまでもあったし、これからもある存在のひとつである。せっかく生まれてきた「私」が死ぬまでの間に、これまでにもなかったし、これからもないだろうと言える形で「私」を示すことはできないのである。

人と場所とのかかわりにおいても、同様のことが言える。ある場所が、標高何メートルとか、人口何人とか、その他もろもろの一般的尺度によって記述できるものを超えて、ある重みをもってくることがある。わかりやすい例で言えば、「故郷」などというものは、それになるだろう。その場所は、他の人にとっては、それほどの重みをもたぬにしろ、ある人にとっては「心安まる」土地であったりする。昔から神社仏閣のある場所には、何かそのような重みを感じさせるところが多い。

場所といっても、それは単なる地点ではなく、それを取り巻く全体的なものの作用を受けているのであり、それはあるとき、ある人にとって特に重みをもつことがある。そのような意味での場所をトポスと呼ぶことにする。トポスを見いだし、そのトポスとの関連で「私」を定位できるとき、その人の独自性は強固なものとなる。そのようなことができてこそ、人間は一回限りの人生を安心して終えることができるのではなかろうか。老いや死を迎える前の中年の仕事として、このことがあると思われる。

やたらに前置きが長くなったが、今回取りあげるのは、谷崎潤一郎の『蘆刈』である。興味深いことに、実は『蘆刈』も、長い「前置き」を持つ作品なのである。この作品では作者とおぼしき五十代になろうとする男性が散策に出かけ、そこでふと出会った男性から、その経験談を聞く構成をとっているのだが、なんとその男の話が始まるまで、この作品の約三分の一の分量が費やされているのだ。この長い「前置き」こそ、読者を不思議なトポスへと誘い込むために作者が行った工夫なのである。

慈母に抱かれて

『蘆刈』の主人公は、天気のよい日に散策に出かける。大阪と京都の中間点の山崎にある水無瀬《みなせ》の宮趾《みやあと》を訪ね、ちょうど夕刻になるころに、淀川べりに出る月を眺めようという趣向である。水無瀬の宮とはどんなところか、それには『増鏡』からの長い引用があり、後鳥羽院がここを賞《め》でて、しばしば訪れた離宮であったことがわかる。また、このあたりは戦国時代の武将たちの活躍した場所でもある。さらに主人公は、電車を降りて道を歩きながら、『大鏡』に書かれていた平安時代のことまで思い出す。宮趾までくると「かまくらの初期ごろにここで当年の大宮人《おおみやびと》たちが四季おりおりの遊宴をもよおしたあとかとおもうと一木一石にもそぞろにこころがうごかされる」。あたりを見まわすと、そこは奇勝とか絶景とか言われるようなところではない。しかし「こういう凡山凡水に対する方がかえって甘い空想に誘われていつまでもそこに立ちつくしていたいような気持にさせられる」。このような景色は「ちょっと見ただけではなんでもないが長く立ち止まっているとあたたかい慈母のふところに抱かれたようなやさしい情愛にほだされる」のである。

主人公は、こんな気持ちを味わいつつ食事をすませ、「正宗《まさむね》の罎《びん》を熱燗《あつかん》につけさせたのを手に提《さ》げながら」、渡し舟に乗って淀川のなかの中洲に行き、月を眺めることにする。この間に、彼の空想は、昔このあたりを徘徊したと思われる遊女の姿を思い描く。大江匡房《おおえのまさふさ》の『遊女記』には、「観音、如意《にょい》、香炉、孔雀《くじやく》などという名高い遊女のいたことが記して」あった。「かのおんなどもがその芸名に仏くさい名前をつけていたのは婬《いん》をひさぐことを一種の菩薩行《ぼさつぎよう》のように信じたからであるというが、おのれを生身《しようじん》の普賢《ふげん》になぞらえまたあるときは貴《とうと》い上人《しようにん》にさえ礼拝されたという女どものすがたをふたたびこの流れのうえにしばしうたかたの結ぼれるが如く浮かべることは出来ないであろうか」などと主人公は考える。

そんなときに「葦のあいだに、ちょうどわたしの影法師のようにうずくまっている男」が話しかけてきた。彼はひょうたんにいれた酒を飲めとすすめてくれ、遠慮なくいただくと、「罎詰めの正宗を飲んだあとでは程よく木香《きが》の廻っているまったりした冷酒の味が俄《にわ》かに口の中をすがすがしくさせてくれる」。そのうち男は、思い出話をはじめる。七歳か八歳のころ、十五夜の月の出る夜に、父親に連れられて伏見まで船で行き、巨椋《おぐら》の池のほうまで二里ほどの道を歩き、大家《たいけ》の別荘のようなところに行った。生け垣のすき間から、座敷で五、六人の男女が宴をしているのをのぞき見した、という。そこでは美しい女あるじを中心にして、琴を奏したり、舞を舞ったりの優雅な月見の宴が繰り広げられていた。

その女あるじのことを父親は「お遊様《ゆうさま》」と呼んでいたが、その人とどんな関係にあったのか、父親が話してくれたことを追憶して、その男は次のようなことを語ってくれる。

お遊様は大阪の商家の娘だったが、結婚後に夫が死に、二十二、三歳のときに若後家になった。男の子が一人あったので、彼女はそのまま婚家にとどまり、のんびりと気ままな生活をすることになる。商家の総領息子の父親は、芝居見物に行ったときにお遊様と出会い、ひと目ぼれをしてしまう。

「おゆうさまの顔には何かこうぼうっと煙《けむ》っているようなものがある、貟《かお》の造作が、眼でも、鼻でも、口でも、うすものを一枚かぶったようにぼやけていて、どぎつい、はっきりした線がない、じいっとみているとこっちの眼のまえがもやもやと翳《かげ》って来るようでその人の身のまわりにだけ霞《かすみ》がたなびいているようにおもえる、むかしのものの本に『蘭《ろう》たけた』という言葉があるのはつまりこういう顔のことだ、おゆうさまのねうちはそこにあるのだ」と父親は言ったという。

このようなお遊様に父親（当時二十八歳、お遊様二十三歳）はほれこむが、結婚できず、とうとうお遊様の妹のおしずと見合いをする。それも、そのような機会によって、お遊様に会えるという目的で見合いをしたのだから、何のかのと言って二度も三度も見合いをした。そして結局はお遊様のすすめに従って、二人は結婚する。ところが、思いがけないことに、「おしずは婚礼の晩にわたしは姉さんのこころを察してこへお嫁に来たのです、だからあなたに身をまかせては姉さんにすまない、わたしは一生涯うわべだけの妻で結構ですから姉さんを仕合わせにして上げて下さい」と言って泣くのであった。

ここから三人の奇妙な生活がはじまる。父親とおしずはうわべの夫婦。二人は何かにつけて姉のお遊様を招待したり、旅に一緒に出たりする。しかし、父親とお遊様との間にも性関係はない。お遊様もひそかに彼を愛していたのである。お遊様をめぐって互いに操を立てあって、奇妙な、しかし幸福な生活が続いたという。

とすると、この話し手はどうして生まれてきたかということになるが、ともかく明らかなことは、この男は実の母ではないにしろ、ぼうっと何もかも包みこむような美しさをもったお遊様に対する憧憬と、「あたたかい慈母のふところに抱かれたようなやさしい情愛にほだされる」トポスの魅力、それに月の光にもひかれて、ひょうたんに冷酒をつめて、ここまであくがれ出てきた、ということである。

円環の時

この男のお遊様に関する話は、次のように続いてゆく。

〈三人はよくさそい合って一と晩どまりか二たばんどまりの旅に出たそうにございますがそういうおりにはお遊さんと夫婦とが一つざしきに枕《まくら》をならべてねむりましたのでそれがだんだんくせになりまして旅でないときでもお遊さんが夫婦を引きとめましたり夫婦の方へ引きとめられたりするようなことがござりました〉

というわけで、三人の親密さはますますつのるばかりである。

お遊様には子どもが一人あったが、もう乳ばなれしており、ばあやもついているので、めったにつれて歩くなどということをしなかった。あるとき「お遊さんが乳が張ってきたといっておしずに乳をすわせたことがござりました。そのとき父が見ておりまして上手にすうといって笑いましたらわたしは姉さんの乳をすうのは馴《な》れています」と言う。ばあやが乳を飲ませるので、赤ちゃんに乳をやることがなく、お遊様はおしずに乳をよくすわせていたのである。父が、どんな味がするのか、と言うと、飲んでごらんと茶碗にうけたのをのませた。父親は何げないていで飲むものの、心が騒いで「頬《ほお》があからんで」きたりする。三人の間の距離はどんどん近くなってゆく。

そのうちに、おしずはお遊様に自分たち夫婦の秘密を打ち明ける。「お遊さんは初めはひじょうにびっくりしまして私はそんな罪をつくっていたとは知らなんだ、静さんたちにそんなにされては後生《ごしよう》がおそろしいといって身もだえして、でもそれならば取りかえしのつくことだからどうかこれからはほんとうの夫婦になるように」と言った。これに対して、おしずは「慎之助《しんのすけ》（父親の名＝河合註）にしてもわたしにしても自分たちが好きでしていることだから」と取り合わない。この秘密を知ってお遊様は二人から遠ざかろうとしたが、結局それもできず、三人の親密さはますます度を加えてくる。

「お遊さんの心のおくへ這入《はい》ってみましたら自分で自分にゆいまわしていた埒《らち》が外《はず》れてしまったような気持のゆるみができまして妹の心中《しんじゆう》だてを憎もうとしても憎めなんだのでござりましょう。それからのちのお遊さんはやはり持ちまえのおうような性質をあらわしてなにごとも妹夫婦のしてくれるようにされている」ようになる。結局のところ、お遊様はすべてを受け入れて、美しく、わがままに生きてゆくのである。

「埒が外れてしまったような気持のゆるみ」のなかで、三人が融合しあいそうな関係を崩壊にまで至らせないのは、彼らが「操を立て」ていたから、ということができる。

「ここでおゆうさんのためにも父のためにもべんめいいたしておかなければなりませぬのはそこまですすんできていながらどちらも最後のものまではゆるさなんだのでござりました」「父がおしずに申しましたのにはいまさらになってそなたにすむもすまないもないようなものだがたといまくらを並べてねても守るところだけは守っているということを己《おれ》は神仏《かみほとけ》にかけてちかう、それがそなたの本意ではないかも知れないがお遊さまもおれもそこまでそなたを踏《ふ》みつけにしては冥加《みょうが》のほどがおそろしいからまあ自分たちの気休めのためだ」と言うのである。すべてが溶解して無に帰してしまいそうな関係を維持するためには、「冥加のほどがおそろしい」という分別を必要とした。それは一種の美意識とでも言うべきかもしれない。西洋的な善悪の判断を重視する倫理観とは異なるものである。

このような生活も三、四年の間しか続かなかった。お遊様が二十七歳のとき、子どもが麻疹《はしか》から肺炎になって死んだ。これについて、お遊様の母親としての注意が足らなかったという非難が生じ、どうもお遊様はおしず夫婦と親しすぎるという批判もあったりして、とうとうお遊様は里の兄のところに帰ることになってしまった。そのうちに、宮津という伏見の造り酒屋の主人と再婚することになる。宮津はお遊様の美しさにほれこんで、「お遊さんが来てくれたら伏見の店《たな》などへはおいておかない、巨椋《おぐら》の池に別荘があるのを建て増してお遊さんの気に入るような数寄屋普請《すきやぶしん》をして住まわせる」と言う。

父親はここでお遊様と心中することを考える。ところがおしずは、おいてけぼりは嫌だから一緒に死にたいという。これには父親も逆らうのだが、何よりも「お遊さんのような人はいつまでもういういしくあどけなく大勢の腰元たちを侍《はべ》らせてえいようえいがをしてくらすのがいちばん似つかわしくもありまたそれができる人でもあるのにそういう人を死なせてしまうのはいたいたしい」と考えて、父親は心中を思いとどまる。その考えをお遊様に伝えると、「お遊さんは父のことばをだまってきいておりましてぽたりと一としずくの涙をおとしましたけれどもすぐ晴れやかな顔をあげてそれもそうだとおもいますからあんさんのいう通りにしましょうといいましたきりべつに悪びれた様子もなければわざとらしい言訳《いいわけ》などもいたしませなんだ」。

そんなわけでお遊様は宮津と結婚。そのうち父親のほうは、商売がうまくゆかず落ちぶれる。父親はおしずがお遊様の「妹だというところにいいしれぬあわれをもよおしましておしずとちぎりをむすび」、その子として、話し手である男が生まれた。その男が今夜も月見の晩なので巨椋の池の別荘にお遊様を見にゆくというので、「わたしはおかしなことをいうとおもってでももうお遊さんは八十ぢかいとしよりではないでしょうか」とたずねたが、「おとこの影もいつのまにか月のひかりに溶け入るようにきえてしまった」。

　そこでは、時間が過去から未来へと直線的に流れるのではなく、過去も未来も現在の時のなかに円環的に流れていた。父なるものの時が直線的であるのに対して、母なるものの時は、円環的なのである。はじめも終わりもなく、すべてが全体としての輪のなかに存在するのである。

現実の多層性

　母なるものを思わせるトポスにおいて話を聞いていると、その話し手はお遊様の子どもでもあるようだし、お遊様に対する思いの深さから推して、彼の言う「父親」その人かもしれぬ。そもそもその父親にしても、お遊様の乳を飲んだりしているのだ。おしずはお遊様の妹であったり、お遊様と一体であったり、「取りもちの上手な老《ろう》妓《ぎ》」のようであったり。ともかく普通の固定した年齢では考えられないのだ。語り手の男は今もなお、お遊様が月見して踊る姿を見ることができるとさえ言った。

　このような「現実」に加えて、このトポスのもつ多層性は、『蘆刈』のはじめに周到に語られている。平安時代からの現実がそこに積み重なっているのだ。この作品がいる。

「謡曲『江口』と相似形をなしている。つまり『蘆刈』は夢幻能の形式を踏まえて構成されている」ことを、岩波文庫『吉野葛・蘆刈』の解説で、千葉俊二氏は指摘している。

『江口』では、ワキの旅僧が西行と遊女・江口の君の歌問答を思い出していると、里の女が現れ、実は江口の君の霊だと告げる。後シテの江口の君は多数の遊女と共に現れ、境涯を嘆くが、やがて彼女は普賢菩薩となって消え去ってゆく。ところで、この『江口』のシテは何者なのかという点について、白洲正子氏が本質をつく答えを示している。『江口』のシテは遊女でも普賢菩薩でもなくて、「舞台には登場しない西行ではなかったか。けっして外には現れない西行の魂のドラマを、遊女という仮りの姿の上に」再現してみせてくれている、というのである(白洲正子著『西行』新潮社刊)。

この解釈を踏まえて言うと、『蘆刈』のなかのお遊様は作者の「魂のドラマ」を演じるために出現した姿であるということになる。「私は誰か」に答えるのに、地位や財産やその他の一般的評価の尺度によるのではなく、「私の魂」の在り方を知ることは、中年における重要な仕事と言うべきであろう。それによってこそ、固有の私という存在があきらかになるのである。夢幻能では前シテと後シテは同一人物ではあるが、その現実の次元がまったく異なってくる。後シテは魂の次元の現実を舞うのである。

前シテと後シテの対比のように、中年は二つの私を必要とする。一般社会に向けて立つ私というものは、社会的な関係で部長とか父親とか、いろいろ名がついている。しかし、後シテのような姿がその内部に生きていてこそ、意味があるのではないか。「実は私は」とか「実は私の魂は」として示せる姿を明確に把握することが必要である。

ここでにわかに、文字通り現実的なことを言いたくなるのが、心理療法家の悪い癖である。現実は既に述べたように極めて多層であり、それを知ることによってこそ人生が豊かになり、意味深くなるのであるが、それらの層の差について、何らかのけじめを心のなかにつけていないと、破壊的なことになったり、非建設的なことになったりすることも知っていなくてはならない。

母なる遊女は、日本の多くの男性の魂のドラマに欠くことのできない存在である。限りなく美しく、何でも受け入れてくれ、限りなく優しい存在である。しかし、それを表層の現実とごっちゃにして、自分の妻や恋人を母なる遊女そのものにしたいと思う男性は、どうしてもそれとの釣り合い上、堅気の息子になってしまう。その悪い面を言えば、いつまでも子どもであって大人になれないのである。そして、堅気すぎて、本来の遊びを知らない人間になる。ともかくマジメである。遊びというと「お母ちゃん」の目を盗んで遊女のところに行くだけ、ということになる。これでは現実の女性が求める現実の男性の強さと面白さに欠け、まったく相手にされなくなるのである。

それにしても、主人公「わたし」の魂のドラマに登場するお遊様について語ってくれた話し手の男というのは、何者であろう。彼が最初に登場するとき、「ちょうどわたしの影法師のようにうずくまっている男」という表現があったが、彼は文字通り「わたし」の影であり、影こそが魂への仲介者として存在したということになるのだろう。魂の世界は深く、なかなか直接的には到達しがたいのだ。能でも、いつもワキというのが登場する。『蘆刈』では、母なる遊女のイメージの「母」のほうにアクセントがおかれ、まるで近親相姦を避けるかのように「操を立てる」ことが強調された。一方で、通常の意味における、「子どもを育てる」ことに熱心であるという「母」のイメージは見事に否定され、これによって普通の母のほうにイメージが傾きすぎるのを防いでいると思われる。このようなお遊様のイメージを、西洋のロマンチックな女性像と比較してみるのも興味深いことであろう。

（引用は、岩波文庫『吉野葛・蘆刈』から）

第10章　ワイルドネス　本間洋平『家族ゲーム』

子どもの「問題」

中年が背負っている課題は、なかなか本人には自覚されがたいものである。あるいは少し意識されかかっていても、「仕事」が大事とか、「家族」のことが気になってとか、毎日毎日の多忙のなかに逃げこんでしまっていることが多い。そのようなとき、中年の親たちの課題を知らしめるために、子どもが何らかの「問題」を起こすことが多い。といっても、子どもには親のために問題を起こすなどという意識は全然ないし、このような言い方自体も本当は正確ではないのだが、それは後に述べるとして、まず、このような発想でものごとを見てみることにしよう。

われわれ心理療法家は、子どもの問題で来談される親と会うことが多い。子どもが登校しない、成績が上がらない、いじめられる、盗みをする、などなど問題はいくらでもある。子どもの問題について話し合っているうちに、だんだんと親の生き方そのものが話題となってくる。子どもの問題を通じて、父と母との間にはじめて対話が生じてくることもある。あるいは、父と母が背負ってきている長い歴史のなかに、解決しなくてはならぬ課題が存在していることが、明らかになるときもある。

　このようなときに、子どもが悪いのは親が悪いからだ、というような単純な発想をしたり、そのような表現をしたりするときがあるが、ものごとはそんな単純な因果関係によって把《とら》えられるものではないし、そもそも誰が「悪い」などと簡単に言えるものではない。人間だれしも取り組んでゆかねばならぬ課題をかかえているものであり、それと取り組まずに逃げてばかりいるのもどうかと思うが、それと取り組んでいる間に少しぐらい一般の生き方と異なるところが生じてきても、「悪い」などとすぐ言えるものではない。子どもの問題を通じて親は自分の——あるいは家族全体としての——取り組むべき課題のあることに気づき、それと対決してゆくと考えるべきである。

　このような例によく接するので、そのような観点から論じられる文学作品がないかと探してみたが、ぴったりと感じるものを探し出すことはできなかった。ただ現代に生きる中年の親の課題をうまく描いている作品に出合ったので、それを取りあげることにした。

　本間洋平の『家族ゲーム』には、高校二年生の男子、慎一の目を通して見た両親の像が、生き生きと浮かんでくるように記されている。慎一の弟、茂之はまさに問題児なのだが、その両親ともごく普通の親で、「悪い」ところなど取りたてていないのである。もちろん、どんな親に対しても「反省すべき点」を見いだすのを職業にしているような人からすれば、それはすぐに指摘されるであろうが。

　茂之は劣等生である。クラスでも後ろから数えて九番、英語の今までとった最高点が二十六点、それに吃音《きつおん》である。中学三年生なので高校進学が親の頭痛の種である。一方、兄の慎一はそれと対照的な「良い子」で、進学校として優秀なa高の優等生である。父が茂之の家庭教師に言ったように、「兄はa高で、優秀なんだけれども、こいつは馬鹿で、困る」ということになる。

　兄弟のどちらかが「良い子」で、他方が「悪い子」という例はよくある。慎一は「手のかかる弟に対して、ぼくはいつも良い子でいなければならなかった」と言う。しかし、これは茂之に言わせると、「兄が良い子をやっているので、僕は悪い子になるより仕方なかった」ということになるのではなかろうか。子どもを測る尺度がひとつしかなく、兄が既にその尺度の上で優位に立っていると、弟はちょっとやそっと頑張っても兄を抜けるはずがない。自分が兄と異なる存在であることを主張しようと思うと、その尺度を逆転させるより仕方がないのではなかろうか。

多様化などという言葉がはやるが、わが国では親が子どもを見るときに、学業成績という唯一の尺度によって子どもを評価していることが実に多いのではなかろうか。個性ということによってその人自身を見ることができる人は、日本人には少ない。そのうえ、経済状態がよくなって、多くの人が大学に行けるようになったため、ともかくよい大学に入学するために、よい成績をとることが「良い子」の条件だということになる。慎一の家でもそうである。父親は学歴がなく、苦労して自分の腕ひとつで小さな自動車整備工場を持つようになったが、慎一には自分の歩んできた道を歩ませるのではなく、よい大学を出て「苦労をせずに」一生が送れるように、というわけで、一流大学への進学を希望しているのだ。

親はどうして子どもに「苦労をさせずに」と考えるのだろう。そのことによって、まったく異種の苦労が生じていることも知らずに。以前は経済的な条件があったり、子どもは親の仕事を継ぐものと頭ごなしに決められて不自由に思ったりしたものだが、それらが「自由」になった途端に、誰もが自由に一様な尺度の上での競争に参加することになったのだから、子どもたちは大変である。大人たちは、それをどう考えるかという課題に取り組まず、子どものできが悪いのを嘆いてばかりいる。このような形のできあがったところで、もう変わりようがないかに思われたこの家族に、まったく思いがけないことが生じて、大きい変化が起こるのである。

過保護と暴力

劣等生の茂之に新しい家庭教師がつけられる。今まで家庭教師が五人も来たが、うまくゆかなかった。しかし、今度は違っていた。家庭教師の吉本はZ大学（たいした大学でないらしい）に七年間も在学し、いまだに卒業できずにいる男である。彼は弟に話しかけるが、弟は何も言わない。母親はおろおろして、「この子は、あまり喋らなくて」と介入してくる。

〈母は弟に関して自分が一番の理解者だと思っている。しかし、弟が生まれた頃から、父の仕事の手伝いで忙しく、ほとんど構ってやれなかった。そのため、弟を理解しようとすることより、常に庇《かば》うことを優先させてきた。その方が、手っ取り早く簡単な方法だからである。弟はぼくより、過剰な放任と過剰な愛情のなかで、育ってきたのだった〉

これはよくある親子関係である。何かと忙しいので、手抜きをした分だけ放任したり、庇ったりしてばかりいる。兄から見れば、それは「過剰な愛情」に見えるが、それが本当の愛情からほど遠いものであることは、誰が見てもすぐわかる。一時、「過保護」ということが槍玉にあがって、まるで子どもを愛することを制限する方がいいというような誤解が生じたりしたが、愛情などいくらあっても構わないのである。「過保護」はむしろ愛情不足の代償としてなされることが多いので、困るのである。

吉本は「学校は」とか「どの教科が好きか」と問いかけるが、茂之の答えは「まあ、ふ、普通、です」と決まりきっている。このような子どもの答えに「別に」というのがある。要するに、何か変わったことや特別なことを表現する意思を自分は持っていない、つまり、「お前とは特別の関係がない」と言っているのである。たとえば「お父さんは」「お母さんは」と質問をして、「普通です」と答えたからといって、両親は普通で問題がない、などと思うと大変な誤解をしていることになる。

父親は吉本に、英語で茂之が六十点をとると五万円、それから十点あがるごとに二万円ずつ出すと約束する。子どものために金を出す親は多い。金で買えないものを子どものために費やす親は、その分少なくなっているように思われる。と言っても、この両親が特に悪いとか、昔の親はよかったとかというのではない。昔の親は子どもに金をやりたくとも、金がなかっただけである。金や自由を以前より多く得たので、それに見合う工夫をしないと、現代の親は苦労するのである。

ところが、勉強がはじまるや茂之は奇声を発して逃げ出し、母親のいる台所の流し台と冷蔵庫の隙間に逃げこんだ。これまでの五人の家庭教師は、これですべてやられていたのである。何の手のほどこしようもなくなるのだ。ところが今度は違っていた。吉本は茂之を引きずり出そうとし、さらに平手打ちをくわせて、「この野郎、逃げられると、思ってるのか！」とどなる。母も吉本の勢いに圧倒されて、金縛りに遭ったように動かずにいる。

それからは暴力家庭教師の大活躍である。約束どおりにしていない、逃げ出した、などのたびに、母親の前でも構わずに、びしびしとなぐるのである。茂之も抵抗はするのだが、そのうちに少しずつでも勉強をはじめる。そうすると「家庭教師は完全に横になり寝てしまった」りする。父親はそれを見て嘆いているが、実は彼は眠っていたのではない。茂之が課題を終えると、「終ったか！」と跳び起きて適当にほめたりする。

そして、結果を先に言ってしまうと、この吉本のおかげで、茂之は成績が上がり、英語は六十点以上をとるし、クラスで上から六番の成績にまでなるのである。この作品は映画にもなったので、映画を見たり、これを読んだりした親や教師は、吉本の行為を「痛快だ」と感じ、今の教育——学校でも家庭でも——に欠けているのは「暴力だ」と言いたくなった人もいるかもしれない。しかし、それは間違っている。現代の家庭に欠けているもの、それはワイルドなものなのである。

現代の中年の親は、自分の子どもをよき家畜にしようとしていないかを反省してみる必要がある。近代になってテクノロジーがあまりにも発展し、人間は「こうすればこうなる」という考え方になり、それを駆使することによって、ものごとをコントロールし、自分の意のままに動かせることを知った。これがあまりにも効果的で便利なので、人間の人生観の全体をテクノロジー的発想が支配するようなことが生じてきたと思われる。

つまり、「もの」をコントロールするようにして、動物のなかの「家畜」をコントロールすることを覚えたのみならず、人間が他人をコントロールしようとしはじめたのである。その一番やりやすい対象として、自分の子どもをコントロールして、自分の考える「よい子」をつくろうとした。『家族ゲーム』のなかの慎一などはその典型である。彼は砂場で遊んだことはないし、三十分単位で一週間、一カ月の予定をたて、それに従って生きているのだ。彼にとって一番恐ろしいのは不測の事態なのである。

ワイルドなものについては、本書の「第3章　入り口に立つ」でも触れているが、ワイルドだからといって、荒々しいとか無茶苦茶であると考えるのは早計である。野にある花や、それに飛びかう蝶もワイルドであるし、野生の動物がまったく無法則に行動しているのではないことは、生態学の多くの研究が示すとおりである。人間は不思議な動物で、ワイルドなものから距離をとって生きることに成功し、今日の文明を築いてきた。しかし、人間は「人工物」ではない。人間が生きているというのは、ワイルドな部分ももっているということではなかろうか。

テクノロジーを駆使し、その結果を享受しつつ、なおかつワイルドなものを自分のなかでどのように生かしてゆくのか、というのが現代人の課題である。そのことをひとつの「問題」として提供しているのが、茂之という問題児なのである。このように考えると、この両親の問題は、現代に生きる親にとって共通のものであることが了解されてくる。

家族のバランス

家族全体のなかで、あまりにもワイルドネスが失われてくると、それを補償する力は暴発的なものになる。そこのところに、暴力家庭教師がピッタリとはまったのである。そこで、この方法が思いがけない効果——といっても、ほんものでないことは後でわかってくるが——を発揮したわけである。暴力はワイルドネスが暴発的に顕現してきたもので、この場合は既に見てきたような事情から効果をあげることになったが、いつもうまくゆくとは限らないし、時には事態を悪化させることがあるのも当然である。

ここで読者が、この家庭教師の思いきった行動を痛快に思ったり、同感したりするのは、既に述べたようなワイルドネスの欠落という点から考えるとよくわかるであろう。しかし実のところは、この家族の成員の一人ひとりのなかにワイルドネスがどのように生かされてゆくかが課題なのであり、吉本の行為がその呼び水としてうまく作用するといいが、単に家族の一面性の補償として機能していると、はじめのうちはうまくゆくとしても、――実は吉本自身も自覚しているように――ほんとうの変化は生じないのである。そのようなところに教育というものの難しさがある。そのようなことに気づかず、この本を読んで、学校や家庭の教育に暴力が必要だなどというのは、まったくの速断である。

吉本は茂之に今月の目標というのを書かせる。「一、夏休みまでに、英語・数学の一年二年を総復習する」という類の三カ条で、それを大声で読まされる。これも一種の暴力といっていいものだが、ともかく目下のところ、ここでは暴力的なものが効果をあげる。茂之の成績が上がるので、父親はご機嫌で、「目標を紙に書いて、読ませるのは、いいことだ、うん、いいことだ」と一人で頷《うなず》いている。父親はこれに勇気づけられたのか、食事に家族がそろったときに、「宮本武蔵も、独行道をつくって、自ら戒めたもんだ」と話しはじめる。勢いがついて、武蔵が賊に後ろから殴りかかられたときに、鍋の蓋で見事に受けとめたと言って、「いや、それは塚原卜伝です」と慎一にたしなめられる。それでも父親はひるまずに、「武蔵は、気迫で、相手を圧倒し」などと酔いの勢いにまかせて喋り、「気概だ、うん、気概」と茂之に説教する。

吉本の暴力は、この家に潜在しているワイルドネスの呼び水として少しずつ成功してきている。まず、父親が酔って説教したり、途中で武蔵と卜伝がごっちゃになるところを、長男に指摘されたりしている。あるいは、慎一は子どものときの写真を母親と見ていて、「疲れていたんだよ、勉強、無理やりさせられて」と言ってしまい、母をびっくりさせる。

家族にはこのようなことが必要なのだ。お互いが少しずつ傷つけ合って成長していく。しかし、もちろんそこには限度というものがある。必要な程度のワイルドネス、それをどの程度にどのようにお互いが発揮し合ってゆくのか、それを決定してくれるのが愛情というものである。

慎一が勉強を無理やりさせられたと言ったとき、母親は驚いて、「誰も、強いたことなんて、ありませんよ。母さんは、世間の教育ママとは、違います」と言った。しかし、考えてみると、「世間の教育ママ」の方が、まだましなのである。「確かに口で勉強を強いられたことはなかったかもしれない。でも、母は暗黙のうちに、仕草一つ一つに、その意味を込めてきたように思う。それにしても、なぜ自分で勉強しなければならないと、強迫観念のように思い込んできたのだろうか。自分のプライドのため？　弟の不出来のため？」と慎一は考える。彼自身もほんとうのところ、どうなっているのかわからぬままに「良い子」をやってきたし、茂之もわけのわからぬままに「悪い子」をやってきたのである。それはつまり、この家族全体が不自然な人工的なバランスのなかに動いてきたことを示している。

しかし、暴力家庭教師の出現によって、この家の見せかけのバランスが壊されて、少しずつそれぞれの人間が変化を示しはじめた。それは、まず茂之の成績の上昇に示され、これはまことにありがたいことであった。父親は父親らしい説教をはじめた。そして、慎一の方は、同級生をなぐったり、万引きをしたりするのである。彼の中にもワイルドネスが、暴発の形であれ、ともかく生きはじめたのである。こんなふうにして、すぐめでたしめでたしとなるには、この家の課題は大きすぎたようである。この家族はどうなっていくのだろう。

沈んでこそ見つかるもの

一番強い変化は慎一の方に表れてきた。彼は思い切って万引きをやったり、同級生をなぐったりした。しかし、それだけで事はすまなくなった。彼はだんだん勉強するのが嫌になってきたのである。a高の優等生の彼は、続いてA大学に入学することが期待されていた。しかし、それも危うくなってきたのである。それに学校に行くのさえ嫌になってきた。父親は「A大にいかなけりゃ、意味がねえぞ」と言う。母親は茂之の成績が上がったのに比して、慎一の方は下がり気味と言い、「冷たい眼付き」つまり「今までとは違う別の母」になって、慎一の顔を覗きこむ。

慎一はだらだらした生活を続ける。「怠惰な生活なのか必要な休息なのか、自分にもわからない。今日学校から帰るとハンドスコップを持ち、地球の裏側までも掘ってやる意気込みで公園の砂場へ直行した」りもする。しかし、駄目なのだ。子どものときに砂遊びをしたことのない慎一が、こんなときに砂場に行きたくなったのはよくわかる。しかし、そんなことで問題が片づくほど簡単ではないのである。

茂之は成績が上がる。それでも意地を張ってこれまでどおりc高を受験するというのを、例のごとく家庭教師が学校に乗りこんで茂之をなぐりつけて、とうとうb高を受験させ、彼は入学に成功する。ひょっとしてa高も行けたかもわからぬと父親は大喜びするが、何のことはない。慎一の成績が下がり、登校をしぶるほどになってきたのだ。

茂之は慎一が行かないならと、自分も学校へ行くのをしぶりはじめた。もうこうなってくると父も母もパニック状態である。父親はどなる。母親は「お願いだから、……学校へ、行って」と泣き崩れる、という光景でこの小説は終わりになる。

こんな作品を読んでいると、「ああ、ここから僕らの仕事がはじまるのだ」と感じさせられる。二人の不登校生を手にあまらせて、この母親がわれわれ心理療法家のところに相談に来られるのである。ここで、中年の問題として両親の方に焦点を当てて考えてみると、両親共に自分たちが子どものときに持っていたせっかくのワイルドネスを、あまりにも拒否した生活をしてきて、これからそれを取り戻すのにどうすればよいのか、という問題に真剣に取り組まねばならなくなる。そんなことは昔はあまり考える必要がなかった。しかし、テクノロジーが発達して、そのためにいろいろと便利な生活ができるようになった分だけ、われわれは自分の生き方についても、昔と異なる心くばりを必要とするようになってきたのである。

この父親は、今の若者は苦労を知らぬと言う。しかし、昔の「親」に言わせると、今の親は苦労を知らぬと言うのではなかろうか。子どもを食べさせることに苦労した時代、子どもを学校に行かせることなど思いもよらなかった時代、毎晩酒を飲むことなどできなかった時代、そんなのと比べると、今の親は苦労を知らぬと言われても仕方がない。そうするとこの親は抗弁するだろう。今は今で異なる苦労があると。しかし、それは今の若者についても言えることだ。工場で働くのが苦労で、大学の受験勉強の方が苦労ではない、と単純に言いがたいところが、人生の一筋縄でいかぬところである。

暴力家庭教師の吉本は、Z大学に七年もいて、お金を貯めては海外旅行に行き、体制的ないき方に従わずに生きている人間である。そんなところが、べったりと体制志向で生きていこうとする家族に抵抗を示していた茂之に、うまく作用したのだが、その吉本でさえ、茂之の成績が上がってくると、今月の目標のなかに、「他人を蹴落してエリートになる」などという項目をかかげるのだ。吉本も知らず知らずのうちに上昇志向のなかにはいり込んでしまい、そうなると彼の「神通力」も作用しなくなる。

吉本は、b高に入学した茂之も、兄と同じように不登校になったのを知り、「ああ、やっぱりね、おれ、何とかしてあげたいけど、一時的に強制しても、同じことなんだなあ」と言っている。他から「助けてあげよう」としてもなかなかうまくゆかないのだ。

このような両親がわれわれ専門家のところに来られると、われわれはどうするのか。われわれは暴力家庭教師のように「一時的に強制しても、同じこと」なのを痛いほどよく知っている。外からの援助や強制ではなく、この家族の一人ひとりが、このテクノロジーの時代にいかにして自分のワイルドネスを生かすのかを、自分のなかから見いだしてゆくのに付き添ってゆくより仕方がない。

そして、それは、より高く、より大きく、というようなそれまでの標語とは逆に、深く沈んでいってこそ発見できるものである。子どもは二人とも学校に行かず、父親はどなり、母親は泣き、というところから、さらにもう一歩も二歩も暗く深い世界に下降してはじめて、ワイルドなものが自ずからはたらきはじめる。そこまでの道のりをつき合うためには、われわれは家庭教師が外にあらわした暴力に匹敵するエネルギーを内に込めて、何もせずにその家族の傍にいることをしなくてはならない。

簡単に予測したりコントロールしたりできないもの、それがワイルドネスの特徴である。それを自分の子どもたちのなかに認め、尊重すること、これが中年の親に与えられた課題なのである。そのことはすなわち、自分自身のなかのワイルドネスにもつながることになるのだ。これはなかなか難しいことである。困難を避けて親が仕事を怠っていると、子どもはいろいろ問題を起こし、親に警告を与えてくれるように思われる。

（引用は、集英社文庫『家族ゲーム』から）

第11章　夫婦の転生　志賀直哉『転生』

ロマンチック・ラブ

考えてみると、夫婦関係というのは実に大変なことである。互いに一人の人間を相手にして長い長い期間を共にすごしてゆかねばならない。とくに、現在のように長寿が約束されるようになると、五十年以上の歳月を共にすることが非常に多くなってくる。しかも、先進国のほとんどが一夫一妻の規則に従っているわけだから、その関係の維持には相当な努力や工夫が必要である。

何しろ、他の人間関係と異なり、一つ屋根の下で暮らすのだから、余計に難しくなる。社会的な関係であれば、適当な距離が取りやすいし、必要に応じて離れていたり忘れていたりすることが容易である。自分の欠点をある程度はカバーしてつき合うこともできる。ところが夫婦となると、そうはゆかない。どうしても本音がでてくるし、また本音のところでつき合えるからこそ夫婦であり、家族としての意味もある、と言えるだろう。「どんな偉大な人でも、妻から尊敬される人はまずないだろう」とよく言われるが、これは相当な真実と言っていい。遠くから眺めるのと、近くで見るのとでは、随分と姿が違って見えるものである。

たとえば、三年間の恋愛の後に結婚し、一年も経たないうちに離婚するということもある。三年間の恋人としての関係は、実際に夫婦として一つ屋根の下で暮らす関係へとはつながってゆかなかった。これほどの例は極端としても、相手に対して愛を感じ、尊敬するということを、夫婦であるための条件として厳しく考えるならば、そのような関係は長続きしにくく、アメリカによく見られるように、離婚して、また新しい相手を求めて再婚する、ということになろう。

アメリカのような生き方もひとつの生き方として考えられるが、その際、思いのほかに子どもたちが苦労するようである。そんなことのないようにと、それなりにいろいろと考えて、離婚後の親子の面会権の設定など努力はしているものの、子どもの問題は彼らが予想していたより深刻であることが、理解されつつあるように思われる。

アメリカで離婚が多いのを非難がましく言い、日本の方がいいように言う人もいるが、話はそれほど単純ではない。「家庭内離婚」という言葉もあるように、心のなかでは離婚しながら、ともかく一緒に住んでいる日本人の夫婦も多いのではなかろうか。このような関係がアメリカより優れているとは、とうてい言えない。だからといって、離婚・再婚を繰り返すアメリカ人の方が「真実」に生きているというのも単純すぎる。というのは、夫婦の関係といっても、そこにはいろいろな関係があると思われるからである。

夫婦というものを、社会構造の重要単位であり、社会を安全に維持してゆくために必要と考えるのなら、ともかくも夫婦となって子どもを育て、自分たちの関係を維持しているだけで役割を果たしていることになる。このことは確かに重要である。その意味で、古来からどのような文化においても、結婚が両親や親戚などによってアレンジされることが多かったのは、頷けることである。

一方で、近代のヨーロッパにおいて、ロマンチック・ラブということが重視されるようになった。これはもともと、男性がある女性に対して永遠の愛を誓い、ただしその女性とは性的な関係を持たず、苦悩を通じて自分を高めてゆくという中世の騎士の愛の姿が基礎となって発展してきた。ところが、ここに詳しく述べる余裕はないが、ヨーロッパでキリスト教に対する信仰が弱まるにつれ、ロマンチック・ラブも俗化の傾向をたどり、中世の騎士たちが性的関係を犠牲にして築こうとした精神的（ほとんど宗教的と言っていいだろう）な高さを、この世の恋人、あるいは夫婦の関係のなかで遂行しようという考えに変わってきた。

ロマンチック・ラブの俗化によって、結婚ということが、二人の人間の「愛」による結合として極めて重い意味をもつことになった。その結果、ひと昔前から、そのような愛の関係を描いた映画が大いにもてはやされて、日本人も強い影響を受けたのである。このような「ロマンス」ものでは、結婚は素晴らしい「ゴール」として描かれるのが特徴であり、映画を見ていても「めでたし、めでたし」と感じたりもするのだが、実際生活では、結婚はゴールどころか、スタート（しばしば苦悩のスタート）なのである。

ロマンチック・ラブを安易に受けとめての結婚は長続きはしない。とすると、夫婦関係、あるいはそこに生じる愛ということをどのように考えるのか、という難しい問題が起こってくる。このことは中年における大きい課題である。若い間はロマンチック・ラブの幻想のなかで生きていることもできる。しかし、中年になってくると現実がもっと見えてくる。そうなると、どうしても夫婦関係というものを見直し、関係をあらたにすることが必要になる。これは随分と苦しいことだ。これをどのようにやり抜くかは、その人の老後にも大いにかかわることになるであろう。

狐か鴛鴦《おしどり》か

志賀直哉の短篇『転生』は、ごく短いものながら、夫婦関係のあり方について考えさせられるところが大きい。とくに、これに続いて発表された一連の短篇や、作品と作者の実生活の結びつきの強さなどを考え合わせると、ますますその感を強くするのである。

『転生』のはじまりは次のようである。

〈或所に気の利かない細君を持った一人の男があった。男は細君を愛してはいたが、その気が利かない事ではよく腹を立て、癇癪《かんしゃく》を起し、意地悪い叱言《こごと》を続け様にいって細君を困らした〉

この夫は妻を愛しているが、その気が利かないのを嫌って叱言ばかり言っている。「一たん虫の居所が悪いとなると、自分でも苦しくなる程、彼には叱言の種が眼の前に押し寄せて来た。そういう時彼は加速度に苛々《いらいら》し癇癪を起し、自分で自分が浅間しくなるのであった」。妻は夫が「お利口過ぎる」からだと言い、今度は自分はできるだけ利口に生まれてくるので、夫にはもう少し馬鹿に生まれてきてもらいたいと冗談を言う。人間に生まれてきたのでは、いつまでたっても同じだから、動物に生まれてきては、と夫も冗談を言い、狐だと「厳格に一夫一婦」なのでよいのではという話になる。そのとき、「良人《おっと》は一夫多妻主義の動物は何か、と考えていた。然しそれは口に出さず」に、狐は嫌だと言う。「夫婦仲のいい動物」をと言う妻に答えて、夫は「鴛鴦」がいいと提案する。

「さて、これからがお伽噺《とぎばなし》になる」と断りが入って、話は続く。何十年か経って夫は死に、鴛鴦に生まれ変わって妻の死を待っていた。そのうち妻も死に、生まれ変わるときになって迷ってしまう。狐だったのか鴛鴦だったのか。鴛鴦だと思うのだが、彼女は日ごろ夫が口癖のように言っていたことを思い出した。「迷う二つの場合があると、お前はきっといけない方を選ぶ。たまにはまぐれにもいい方を選びそうなものだが、宿命的に間違いを選ぶのは実に不思議だよ」。

このことを彼女は思い出し、自分が鴛鴦だと思うところに、「宿命の落穴がある」と思って、狐に生まれ変わる。

女狐は夫を探して山野を歩きまわるが見つからない。疲れと空腹のあまり川辺に下りていったところで、鴛鴦になった夫と出会う。夫は妻の間違いに対して持ち前の癇癪を起こし「何と云う馬鹿だ！」とどなる。女狐は泣く泣く詫びるが、夫はまだ怒っている。「眼の前で怒鳴り散らしているおしどりは良人には違いなかったが、少し意識がぼんやりして来ると、それ以上にこの上ない餌食に見えて仕方なかった」。彼女は空腹に耐えられなくなった。「女狐は一ト声何か狐の声で叫んだと思うと不意におしどりに飛びかかり、忽《たちま》ちの内にそれを食い尽して了った」。何とも凄まじい話だが、この後に、「これは一名『叱言の報い』と云う大変教訓になるお伽噺である」というのがつけ加わり、結びとして次のような対話が述べられている。


〈「それは口やかましい良人に対する教訓なのですか」

「そうです」

「気の利かない細君の教訓にもなりますね」

「そうですか」

「叱言を言われてもその細君が良人を愛している場合には……」

「成程」

「これは貴方の御家庭がモデルなのでしょう」

「飛んでもない事です。私の家内は珍しい気の利いた女です。私とても至って温厚な良人です。私の家庭では叱言の声など聞く事は出来ません。文藝春秋と云う雑誌に私の名で家内安全の秘法を授く、と広告が出ていた位です」〉

『転生』について直哉は「気軽な戯作《げさく》。その頃のゴシップ雑誌『文藝春秋』に夫婦和合の妙薬を私のところで売るという冗談が出ていたので、この雑誌から原稿を頼まれた時、こんなものを書いたが、自分でも或る程度の愛着は持っている」(『創作余談』)と述べている。「気軽な戯作」と本人は言っているが、ともかく作品として出すことにしたのだから、どこか心を動かされるものがあったのだろう。

冗談にしろ、「夫婦和合の妙薬」を売っていると言われるくらいだから、直哉の夫婦は仲の良い夫婦と思われていたのであろう。また夫は温厚で、妻はよく気が利いていた、というのも事実であろう。しかし、夫が常に妻に対して文句を言い、いらいらしていたのも事実だろうと思う。いったいどうして、ということになるだろうが、それはともかく、ここに「転生」という主題がでてきているのは、非常に興味深い。

直哉には『焚火』という短篇がある。そのなかでKという人が大雪の日の深夜、山の中にある自宅へ帰る途中で遭難しそうになるが、その日時に帰ることを知らせてもいないのに、Kの義兄が途中まで迎えに来てくれて驚いた、という話がある。聞いてみると、すでに寝ていたKの母親が、不意に義兄を起こして、「Kが帰って来たから迎いに行って下さい」と確信をもって言ったという。

直哉の体験している「自然」というものには、一般の日常的なものを超えたところがあったのではないかと思われる。おそらく「転生」などという考えも、彼にとっては自然に湧いてきたものなのであろう。転生ということも込みにして夫婦関係を考えてみる方が、より「自然」なのである。そのような目で、一般常識ではよく「和合」していると思われている自分の夫婦関係を見るとどうなるかを、彼は『転生』で描いてみせたと思われる。

合一から裏切りへ

二人の人間の関係というものには、なかなか難しいところがある。二人の関係がよいとか悪いとか言っても、そこには随分と差があるものである。

日本では、二人の関係が「よい」と言う場合、どうしても二人が一体化していることを考えてしまう。お互いの間に秘密がない。お互いの考えや感情が、言葉で言わなくとも以心伝心にわかってしまう。このようなことが「よい関係」の理想のように思われている。しかし、果たしてそうだろうか。

西洋近代の自我を確立する生き方をよしとするならば、「よい関係」の前提として、二人の人間がそれぞれ独立していることが必要となる。独立した人間がお互いに関係をもつためには、言語によって自分を表現し理解し合うことが必要である。このような関係は、お互いがどのようにして、いかなる関係をもつようになったのか、その関係を維持、発展せしめてゆくのにはどうすべきかなどを、相当に意識化している。つまり、言語によって表現することができる、ということになる。

このように単純に割り切って示した二通りの関係のあり方は、実際の人間関係においては、双方が微妙に混ざりあったり、ニュアンスに差があったりして特徴づけられるものである。ただ下手をすると、前者のような形が強すぎると、その関係が二人のそれぞれの個性を歪ませたり、壊したりする方向にはたらいてしまう。また、後者の形が強くなりすぎると、関係はあるようでも、それぞれが強い孤独感に陥ることになったり、関係の維持のために相当な意識的努力を必要としたりするようなことにもなる。

ほとんどの日本人は現在でも、前者の関係をベースにしている。直哉の場合も、「仲の良い」夫婦関係は両者の一体感を基礎としてもっていた。しかしそうなると、新しい西洋の知識を身につけた直哉としては、そこから抜け出そうとして何かと妻に文句を言いたくなる。それほど大したことでなくても、何かと文句を言わないと、自分の自我が埋没してしまうような気がする。ところが一方では、そんな細かいことでガミガミ言っている自分を責めたり反省したりする気も起こってきて、自分を情けなく思う。そう思いつつ、二人の一体感の上に生きているので、自己嫌悪の気分が妻に向けられて、言わずもがなの文句を言う。このような悪循環が生ずるのだ。

妻の方も、つまらぬことでガミガミ言う夫を馬鹿げていると思うのだが、そこで完全に夫を切り離すのではなく、どこかで一体感を強化するような行為を、知らず知らずのうちにしてしまっているのである。夫も妻もわけのわからないまま、ガミガミ言う方と言われる方とに分かれているように見えながら、一体感をベースに生きていることになる。

夫としては、このようなよい妻をもっていながら、ついつい叱言を言っていらだつ自分に自責の念を強く感じることがある。そのようななかで作品『転生』が生まれ、それは冗談めかしたなかで、自分を罰するとともに、完全な一体感の完成を成し遂げる。つまり、片方がもう片方の腹に収まってしまうのである。

しかし、このような完全な一体感は、残念ながら長続きしない。もう一度、各人が別々の存在として適切な距離をとることをしなくてはならなくなる。そして、そのようなときに実にしばしば「裏切り」ということが生じる。

いかなる場合でも、「裏切り」をよしとする人はいないであろう。それは悪のなかでもとくに嫌われることであろうし、「裏切り」をした者は、どのような場合でもおそらく弁解できないのではなかろうか。そうではあっても、あまりにも強い合一を経験した二人のうちどちらかの一人が、もう一度自立した二人の関係に戻ろうとするとき、その方法は裏切り以外にないと言っていいほどなのである。そして、しばしば、そのような裏切りは無意識的に行われることが多いようである。

直哉の場合も例外ではなかった。『転生』によって、まさに「和合」の見本のような姿を描いて約一年後、直哉は妻を裏切ることになる。その経験は、彼の一連の作品、『瑣事』『山科の記憶』『痴情』『晩秋』のなかに述べられている。『痴情』には直哉の相手の女性について次のような記述がある。「女と云うのは祇園《ぎおん》の茶屋の仲居だった。二十《はたち》か二十一の大柄な女で、精神的な何ものをも持たぬ、男のような女だった。彼はこういう女に何故《なぜ》これ程惹《ひ》かれるか、自分でも不思議だった」。彼は自分でも不可解なままに一人の女性に惹かれ、そのことはすぐに妻に露見してしまう。

『山科の記憶』に書かれている夫婦の対話は、このような状況の夫婦の間にかわされる典型的な会話と言っていいだろう。以下少し長くなるが引用する。夫の不実を知って怒る妻と彼は話し合う。

〈妻は一生懸命だった。日頃少しも強く光らない眼が光り、彼の眼を真正面《まとも》に見凝《みつ》めた。彼にはその視線に辟易《たじろ》ぐ気持があった。然し故意に此方《こっち》からも強く、「お前の知った事ではないのだ。お前とは何も関係の無い事だ」と云った。

「何故《なぜ》？　一番関係のある事でしょう？　何故関係がないの？」

「知らずにいれば関係のない事だ。そういう者があったからって、お前に対する気持は少しも変りはしない」彼は自分のいう事が勝手である事は分っていた。然し既にその女を愛している自身としては妻に対する愛情に変化のない事を喜ぶより仕方がなかった。

「そんなわけはない。そんなわけは決してありません。今まで一つだったものが二つに分れるんですもの。そっちへ行く気だけが、減るわけです」

「気持の上の事は数学とは別だ」

「いいえ、そんな筈、ないと思う」

会話はまったく平行線で交わるところがない。しかし、ともかくここで二人が対等に争おうとしているところに意義がある。これまでは、馬鹿げているとさえ思われる夫の叱言に対して、ただ従っているだけの妻が、ここでは対等以上に戦える。妻が善で、夫が悪であることが、あまりにも明白であるからだ。理屈の上では負けるしかない夫は「高等数学」を駆使して対抗するが、あまり勝ち目はなさそうである。

西洋におけるロマンチック・ラブは、もともと別個の存在として切り離されている二人が、不可能とも思える「合一」を願って、あくなき挑戦を繰り返すところに特徴がある。個別的に切り離された存在として自分を体験することがほとんどない日本人にとって、ロマンチック・ラブを理解することはきわめて難しいことである。おそらく日本にはロマンチック・ラブを主題とした文学などないのではなかろうか。

直哉の恋愛は事情をまったく異にしている。和合関係にある夫婦が、適切な距離をとった夫婦関係に移行するために必要な「裏切り」として、直哉はある女性と恋に陥る。先にあげた一連の作品について彼は、「この一連の材料は私には稀有《けう》のものであるが、これをまともに扱う興味はなく、この事が如何に家庭に反映したかという方に本気なものがあり、その方に心を惹《ひ》かれて書いた」（『続創作余談』）と述べている。恋愛よりも「この事が如何に家庭に反映したかという方に本気なもの」があったのだ。

中年の男の浮気が、「稀有のもの」というのはどうかしていると言われるかもしれない。しかし、完全な和合の状態にある者にとって、それは「稀有」であり、それだからこそそれは深い意味を直哉夫妻にもたらすことになったのである。もっとも妻にとっては、「稀有」という言葉で表すのも不満なくらいであっただろう。『痴情』には妻の手紙の一節に「ほんとにほんとに信じて信じていてこんな事がありましたので御座いますから、此後《このご》はほんとに内しょでもいやで御座い升」というところがある。妻が「絶対」と思っていたことがくずれたのである。

「ほんとに」と「信じて」を繰り返すところにその気持ちが示されている。

直哉も時が経つにつれて事の本質がわかってきたのであろう。例の一連の短篇を発表した一年後に『邦子』を発表する。前期の作品群が直哉の実生活にほとんど直結している感じを与えるのに対して、『邦子』は実生活と相当距離をおいたものになっている。邦子は主人公の妻であるが、カフェではたらいていたり、だれかの妾になっていたりした女性として描かれている。しかし、そこに描写されている夫婦の感情、夫の愛人に対する関係などは、すでに述べてきたような一体感からの離脱の苦しみを如実に伝えてくれる。

たとえば二人の結婚は次のように述べられる。「邦子は私達の生活に此上ない満足をしきりに現した。自分の生涯にこう云う幸福が来る事は全く予想しなかった事を繰返して云った。私も幸福だったが邦子をそれ程幸福にしたと思う事が又幸福感となって私に還って来るのだ」。邦子は満足であったが、夫の方はだんだんいらついてくる。「好人物の平和」に彼は耐えきれなくなってきた。彼は邦子に「何年となく続いて来た此平穏無事で、水蜜桃じゃないが、尻の方から腐って来たような気がして居るんだ」とさえ言う。ついには、「お前は俺を家畜だと思っているだろう」などというが、邦子にはまったく心外なことだ。

男はある女優に夢中になってしまう。「腹から夢中になったかどうか、自分でもよく分らないが、兎に角夢中になった」のだ。しかしこのことも露見して夫婦の争いとなる。平行線をたどる会話のなかで邦子は「家中《うちじゅう》が何か一つのもので結び合っていたような気がしていたのが、近頃は貴方は貴方、私は私、子供達は子供達、という風に妙に離れ〲になって何だか淋しくって仕方がない」と言う。そして、邦子は自殺する。

「邦子が自殺した事は何といっても私の責任だ」というのが『邦子』の書き出しである。直哉は自分の行為が妻に死をもたらすものであることを認識し、その責任を感じている。「私は私の不幸事（『邦子の』と云わず、敢えて『私の』という）を書くつもりだ」と直哉は書いているが、邦子の死は直哉にとっても、ひとつの死の体験でもあった。

それにしても、「転生」という題は示唆的である。長い夫婦生活を本当に意味あるものとし、真の「関係」を打ち立ててゆくためには、夫婦は何度か死の体験をし、転生してゆくことが必要なのである。その間には相手に食われたり、自殺に追いやったりすることはあっても、転生して関係を続ける限り、それはますます深いものとなってゆくであろう。

（引用は新潮文庫『小僧の神様・城の崎にて』、岩波書店刊『志賀直哉全集』から。引用にあたって旧字、旧仮名づかいを改めました）

第12章　自己実現の王道　夏目漱石『道草』

思いがけないこと

人生ではだれもが、まったく思いがけないことにぶち当たる経験をする。とくに中年においては、だいたい自分の人生というものが見えてきて、将来の見通しなども立っていると思っているところに、その軌道を狂わすようなことが思いがけず生じるのである。それはいろいろな形でやってくる。自分や近親者の病気、事故、天災もある。自分としては何の悪いところもないのに、突然に不幸や苦悩のなかに突き落とされるのである。

そのような思いがけないことのために軌道を狂わされ、それ以後は一生、そのことを嘆いて暮らしている人もいる。最初のうちは同情していた人も、だんだん「またか」と思うようになる。愚痴を聞かされるのが嫌で人が離れてゆき、不幸の上塗りになったりもする。しかし考えてみると、ほとんどの人が大なり小なり、そのような体験をしているのであり、それにどのように対処するかによって、その人のユニークな生き方がつくりだされてゆくとも言えるのである。

思いがけないことによって軌道を狂わされるというのは、自分が予定したり、周囲が期待したりしている道筋から言えば、明らかに余計な「道草」を食わされることになるのだが、実のところ「道草」には深い意味がある。というよりは、一般に「道草」と見えることに対して意義を見いだすことは可能であり、このごろはやりの「自己実現」などという語を使うとすると、むしろそちらのほうこそが、自己実現の王道であると言えるように思えるのである。社会的期待の道筋に乗ってしまうと、それはあまりに一般的すぎる。それに比して「道草」のほうは、自己のかかわりが見えやすいとも言うことができる。

このようなことを示すのに最適とも言える夏目漱石の『道草』を、取りあげることにした。岩波文庫『道草』の相原和邦氏の解説によると、「『道草』は『吾輩は猫である』を発表した前後の漱石の体験をそのまま描いた自伝小説だとこれまで素朴に信じられてきた」らしい。しかし相原氏も指摘しているように、「この作品は、右のような期間の実生活をそのまま写し取った小説ではない」と筆者も考える。『道草』の主人公の健三は三十六歳である。しかし、この作を執筆したときの漱石は四十八歳。死の一年前である。当時の状況などから考えて、これは十分、老境に至ってからの作品と言うことができる。主人公の年齢も、現代にあてはめると、四十～五十歳の人間として考えてもいいのではなかろうか。

『道草』の主人公の健三はある日、自宅の近くで「思い懸けない人にはたりと出会った」。二十歳のときに縁を切り、その後十五、六年も会っていない人物に、「はたりと出会った」ときの当惑と不気味な感じを、漱石はうまく描写している。何か予期せぬ嫌なことのはじまる前触れである。帰宅後もずっとそのことを気にしていたが、健三はそのことを妻のお住には何も語らなかった。「機嫌のよくない時は、いくら話したい事があっても、細君に話さないのが彼の癖であった。細君も黙っている夫に対しては、用事の外《ほか》決して口を利かない女であった」。

最初のところにこのように夫婦のようすが語られるが、『道草』全編を通じて中心となるのは、この健三とお住の関係と言ってもいいだろう。それを揺さぶったり、固めたりするために、いろいろな人物が登場すると考えられる。そのような揺さぶりの中心人物が、健三が「思いがけなく」出会った島田という老人である。健三は三歳から八歳までの間、島田の家に養子にやられ、島田の浮気が原因で離婚騒ぎが起こったときに実家に戻ってきた。後くされのないように健三の父がすべてを片づけてくれていたのだが、そんなことにお構いなく、島田はジワジワと健三に接近してくる。

健三は当時には珍しい「洋行帰り」の学者で、大学の先生をしている。親類縁者から見れば「出世頭」である。どうせたくさん儲けているのだから、ちょっとぐらいこちらにくれてもいいだろう、と彼らは考える。『道草』の中心に夫婦関係があると述べたが、男と女という、どうしようもなく異なるふたつの存在の関係のあり方が問題となるうえで、『道草』のなかには、実にさまざまな対立が隠されている。論理と感情、新と旧、外向と内向などなど、数えるといくらでもあるだろう。それらの間で健三もお住も揺れるのであるが、人生観の上での新と旧ということも大きい要素である。出世をしようが何をしようが、親類縁者にたいして不必要な援助をする必要などない、という個人主義の考え。それに対して、親類のためとあらばどんなこともして当然という考え。洋行帰りの健三は意識的には前者を強調するが、深いところでは結構、後者の考えもかかえこんでいる。健三は真剣に取り組むべき、たくさんの対立課題をもっているのだ。

「思いがけないこと」は、まったく偶然に人を不幸やわずらわしさの中に引き込んでゆくように思える。しかしよく見ると、それは当人を実に巧みに未解決の問題との対決へと導くところがあり、それは必然的とさえ感じられるものである。課題の多い中年に「思いがけないこと」が案外よく起こるのは、このせいかもしれない。

過去・現在・未来

「健三は実際その日その日の仕事に追われていた。家《うち》へ帰ってからも気楽に使える時間は少しもなかった」「それで彼の心は殆《ほと》んど余裕というものを知らなかった。彼は始終机の前にこびり着いていた」。海外で吸収した多くの知識を持ち、若い学生たちの前に立って、健三はひたすら未来に向かって前進しようとする。しかし、不意に現れてきた島田は、彼を過去の世界へと引きずり込むのだ。「親類づきあいよりも自分の仕事の方が彼には大事に見えた」のだが、島田の接近に伴って、その対策を考えたりする必要上、健三は兄や姉の家庭を前よりはよく訪問しなくてはならなくなる。実はこの姉には「健三は些少《さしよう》ながら月々いくらかの小遣を」あげている。ところが訪ねていっているうちに、姉の随分と曲がりくねった話のなかから、要するに月々の小遣いを値上げしてくれと言っているのだと了解し、それを承知したりせねばならなかった。

外からの圧力が高まり、過去のいまわしい記憶が新たにされてくるにつれ、健三とお住のかわす会話もトゲのあるものになってくる。健三とお住の会話を漱石は実に見事に示してくれる。お互いに関係を持とうと努力しはじめるのだが、どこかでそれがプッンと切れて、どうしようもないという感じと、相手が悪いのだというやり切れない感じとが残る。

〈彼は独断家であった。これ以上細君に説明する必要は始めからないものと信じていた。細君もそうした点において夫の権利を認める女であった。けれども表向《おもてむき》夫の権利を認めるだけに、腹の中には何時も不平があった。事々《ことごと》について出て来る権柄《けんぺい》ずくな夫の態度は、彼女に取って決して心持の好いものではなかった。何故《なぜ》もう少し打ち解けてくれないのかという気が、絶えず彼女の胸の奥に働らいた。そのくせ夫を打ち解けさせる天分も技倆《ぎりよう》も自分に充分具えていないという事実には全く無頓着《むとんじやく》であった〉

夫婦というのは不思議なもので、お互いに話し合いたいとか、近づきたいと思っていても、ふとしたことですれ違ってしまうと、ものを言う気が起こらなくなったり、いらいらしたりしてしまう。健三は、お住が金の工面に困って質屋に行ったことを知り、原稿を書いて臨時の収入を得る。ところが、その金は封筒入りのまま健三によって畳の上に放り出され、お住のほうもそれを黙って受けとる、という形になってしまう。

〈その時細君は別に嬉《うれ》しい顔もしなかった。しかしもし夫が優しい言葉に添えて、それを渡してくれたなら、きっと嬉しい顔をする事が出来たろうにと思った。健三はまたもし細君が嬉しそうにそれを受取ってくれたら優しい言葉も掛けられたろうにと考えた。それで物質的の要求に応ずべく工面されたこの金は、二人の間に存在する精神上の要求を充《み》たす方便としてはむしろ失敗に帰してしまった〉

お互いに努力はしているのだ。しかし、それは無駄あるいは失敗ということになってしまうのだ。

島田はしばしばやってきて長居をし、健三が仕方なくなにがしかのお金をつかませると帰っていった。そのたびに健三は島田の家にいたときのことを思い出し、また兄や姉との接触から、彼らの過去の生活を思い出したりした。「健三は自分の背後にこんな世界の控えている事を遂に忘れることが出来なくなった。この世界は平生《へいぜい》の彼にとって遠い過去のものであった。しかしいざという場合には、突然現在に変化しなければならない性質を帯びていた」「彼は自分の生命を両断しようと試みた。すると綺《き》麗《れい》に切り棄《す》てられるべきはずの過去が、かえって自分を追掛《おつか》けて来た。彼の眼は行手を望んだ。しかし彼の足は後《あと》へ歩きがちであった」。

われわれは時間を過去・現在・未来のように分け、そして時には健三のようにその過去を切り棄てようとしたりする。しかし、そんなことはできるはずはない。すべてが全体としてできあがっていて、その一部を取り去ることなどできないし、漱石の言うように、過去は「突然現在に変化しなければならない性質を帯びてい」るものなのだ。老人の島田は健三に、不思議なイメージを提供した。「健三の眼に映じたこの老人は正しく過去の幽霊であった。また現在の人間でもあった。それから薄暗い未来の影にも相違なかった」。まさにそのとおりで、過去は現在とも未来とも一体となって現前するのである。

「どこまでこの影が己《おれ》の身体《からだ》に付いて回るだろう」と健三の心は不安に揺れる。それでも「影」は身体から離れることなどないのだ。島田だけではない。島田の先妻、つまり健三の養母までが、どこでどう嗅ぎつけたのかやってくるようになった。何やかやと喋《しゃべ》ったあとで彼女は、車代にでもと健三が差し出す五円の金を、そういう意味で訪問したのではないといいつつ受け取ってゆく。そして、そのような訪問がまた繰り返されるのである。

ここには簡単に述べてしまったが、島田や彼の先妻などの「訪問」の姿や、彼らと健三とのやりとり、何ともならない健三の気持ちなどを、漱石は丹念に描き出すので、読んでいる側も水飴がひっついてくるような、あるいは真綿で首をしめられるような、何ともやり切れない気持ちになってくる。しかし、あとでも述べるように、その細部のひとつひとつが大事なのだ。

視点の移動

読む側もやり切れないと言ったが、実は『道草』を読みすすんでいるうちに、そのような感情とまったく異なる感情が湧いてくるのを感じる。出世した男に金をせびりに来る親類縁者、それをめぐっての夫婦のやりとり、いわば「どろどろした」と形容したくなるような人間関係のしがらみを、細部にわたって丹念に語りながら、その合間にそれとはまったく逆の、澄んだ空気がふと肌に触れるような、あるいは清流の流れる音をふと耳にするような、透徹した感じがするのである。

これはいったい、どうしてだろう。筆者は実のところ小説をあまり読まないが、漱石は好きで、若いときに作品はすべて読んだ。どれもが好きだったが、この『道草』がとくに印象に残り、その後、何かにつけてよく思い出した。中年になってから読み直してみて、この澄んだ感じが印象的だったのだと思うとともに、その要因として、このようなことを記述している作者の視点が、実に高いところにあることに思いいたった。この小説の主人公は健三である。しかし、その健三のもっと高いところから、お住と健三から等距離にあると思われる高さからの発言が、『道草』のなかに認められる。

すでに引用した文にもあったが、それは健三に与《くみ》するのでもなく、お住に与するのでもない。どちらもどちらとしか言いようのないようすが述べられているのである。たとえば、新しい個人主義の考えによって自分の能力を開花させてゆくか、あくまで他への配慮を優先し自己犠牲を強いてゆく昔風の考え方をするのかという点で、「不思議にも学問をした健三の方はこの点においてかえって旧式であった。自分は自分のために生きて行かなければならないという主義を実現したがりながら、夫のためにのみ存在する妻を最初から仮定して憚《はば》からなかった」と述べられている。「二人が衝突する大根《おおね》は此所《ここ》にあった」とも。

あるいは、物語のはじめのあたりだが、健三が風邪気味でくしゃみを連発する。それを黙って見ている妻に対して、「健三も何もいわなかったが、腹の中ではこうした同情に乏しい細君に対する厭《いや》な心持を意識しつつ箸《はし》を取った。細君の方ではまた夫が何故《なぜ》自分に何もかも隔意なく話して、能働的《のうどうてき》に細君らしく振舞わせないのかと、その方をかえって不愉快に思った」とある。つまり、健三もお住もどちらにも言い分はあるのだ。そして、どうにもならないのである。

すでにその解説を引用した相原氏は、『道草』の基《もと》になったと思われる漱石の体験を記した「日記」と『道草』とを丹念に比較して、「日記の方では妻だけを非難し、口をきけばきいたで、一方的に相手を疑っている。しかるに、『道草』においては、妻だけでなく健三にも批判的な目を向けているばかりか、むしろ健三批判が先に立ち、妻に対する批判的な位置づけはこれに従属した副次的なものとして提示されている」ことを明らかにしている。このような視点の移動が『道草』のなかに、実に印象的に認められる。

漱石は養子にやられた。八歳のとき養子先から帰ってきたとき、実家の両親は、むしろ厄介者が増えたという感じで受けとめた。つまり、漱石は他の人たちと違って、二組の両親をもったとも言えるし、どこにもほんとうの親はいなかったと言ってもよかった。子どもは世界を見るときに親の目を借りて見ることをし、それによって大人になることを覚える。しかし漱石は、そのような確かな親の目を持たなかった。このため大人になり損なう人もあるだろうが、漱石は普通の大人がもつ視点をはるかに超えることを学びとったのではなかろうか。このような視点によって『道草』は、私小説になることを免れていると思われる。

『道草』の話に戻ると、お住は妊娠し、「妾《わたくし》今度《こんだ》はことによると助からないかも知れませんよ」と言う。お住は何かを予感したのだ。もっともそれが何であるかはわからず、ともかく「死」の影に重なって彼女には見えたというわけである。

しかし、案ずるより産むが易しで、お住は女の子を安産する。これで三人目の女の子である。健三は考える。

〈「ああいうものが続々生れて来て、必竟《ひっきょう》どうするんだろう」

彼は親らしくもない感想を起した。その中には、子供ばかりではない、こういう自分や自分の細君なども、必竟どうするんだろうという意味も朧気《おぼろげ》に交《まじ》っていた〉

「必竟どうするんだろう」というのは、根源的な問いである。人間のひとりひとりが自分に問いかけてみることではなかろうか。このまま生き続けて「必竟どうなるのか」。答えは簡単である。「死ぬこと」、必竟誰もが死ぬ。しかし、その答えだけで満足したり、安閑としておれないのが人間というものではなかろうか。『道草』のなかにはこのほかにも「必竟」という表現の出てくるところがある。健三があまりにもムシャクシャするので、子どもにきつく当たってしまって後悔するところである。健三は、「己《おれ》の責任じゃない。必竟《ひっきょう》こんな気違じみた真似《まね》を己にさせるものは誰だ。そいつが悪いんだ」と思う。この必竟も、前の問いの必竟に呼応するものだ。自分の人生の背後にあって、どうしようもないこの過程を押しすすめているのは、「必竟誰なのだ」、これがわかれば「必竟どうするんだ」という問いに対する答えがわかるだろう。

片付かない人生

子どもが安産だったせいもあってか、健三とお住は冗談まじりの——しかし、深刻ともとれる——会話をした。

〈「今度《こんだ》は死ぬ死ぬっていいながら、平気で生きているじゃないか」

「死んだ方が好ければ何時でも死にます」

「それは御随意だ」〉

こんな会話をかわしながら健三は赤ん坊を見た。「健三はこの小さい肉の塊りが今の細君のように大きくなる未来を想像した。それは遠い先にあった。けれども中途で命の綱が切れない限り何時か来るに相違なかった」。このような想いのなかで健三は急に、「人間の運命はなかなか片付かないもんだな」と言って、お住を驚かせる。

〈彼の心のうちには死なない細君と、丈夫な赤ん坊の外に、免職になろうとしてならずにいる兄の事があった。喘息《ぜんそく》で斃《たお》れようとしてまだ斃れずにいる姉の事があった。新らしい位地が手に入《い》るようでまだ手に入らない細君の父の事があった。その他島田の事も御常《おつね》の事もあった。そうして自分とこれらの人々との関係が皆なまだ片付かず

にいるという事もあった〉

ここにはいちいち紹介できなかったが、『道草』のなかには多くの「片付かない」ことが列挙されている。ところが、島田の件が「片付く」のである。と言っても健三は百円の金――当時なら相当の大金であろう――を島田に手渡さなければならなかったのだが。ともかく仲介者を介して後くされのないように話を片付けたのだから、よしとすべきである。ここで印象的な『道草』の終結が語られる。少し長いが引用してみよう。島田の一件が片付いたと喜ぶお住と健三との間に次のようなやりとりがあって、この小説は終わりとなる。

〈「まだなかなか片付きゃしないよ」

「どうして」

「片付いたのは上部《うわべ》だけじゃないか。だから御前は形式張った女だというんだ」

細君の顔には不審と反抗の色が見えた。

「じゃどうすれば本当に片付くんです」

「世の中に片付くなんてものは殆《ほと》んどありゃしない。一遍起った事は何時までも続くのさ。ただ色々な形に変るから他《ひと》にも自分にも解らなくなるだけの事さ」

健三の口調は吐き出すように苦々しかった。細君は黙って赤ん坊を抱き上げた。

「おお好《い》い子だ好い子だ。御父さまの仰《おつし》ゃる事は何だかちっとも分りゃしないわね」

細君はこういいい、幾度《いくたび》か赤い頰《ほお》に接吻《せっぷん》した〉

「片付いた」と言う妻に対して、健三は「世の中に片付くなんてものは殆んどありゃしない」と答える。彼がこんなふうにこだわるのは、先に述べた根源的問いかけが彼の心のなかにずっとあるからだと言っていいだろう。終わりになる少し前のところで、健三が人通りの少ない町を歩きながら考える場面がある。ここにも「必竟」が出てくるのだ。


〈「御前は必竟《ひつきよう》何をしに世の中に生れて来たのだ」

彼の頭のどこかでこういう質問を彼に掛けるものがあった。彼はそれに答えたくなかった。なるべく返事を避けようとした。するとその声がなお彼を追窮し始めた。何遍でも同じ事を繰り返してやめなかった。彼は最後に叫んだ。

「分らない」

その声は忽《たちま》ちせせら笑った。

「分らないのじゃあるまい。分っていても、其所《そこ》へ行けないのだろう。途中で引懸っているのだろう」

「己《おれ》のせいじゃない。己のせいじゃない」

健三は逃げるようにずんずん歩いた〉

つまり「御前は必竟何をしに世の中に生れて来たのだ」という問いを念頭においているかぎり、そう簡単に「片付く」ことなどないのである。

ではどうするべきか。答えは『道草』全編を通して語られている。「己のせいじゃない」としか言いようのないたくさんの道草を食わされて生きている。その細部のひとつひとつを高い視点からしっかり見つめること。「己のせいじゃない」と言いつつ、それをやっているのはやっぱり自分なのだ。自分にもわからない自分を生きることは、その自分を自己と呼ぶならば、自己実現ということになる。自己実現は到達するべき目的地なのではなく、過程なのである。

「分らない」「己《おれ》のせいじゃない」と健三は言う。「無信心な彼はどうしても、『神には能く解っている』という事が出来なかった。もしそういい得たならばどんなに仕合せだろうという気さえ起らなかった。彼の道徳は何時でも自己に始まった。そうして自己に終るぎりであった」。

ここに言われる「自己」は狭い意味における自己である。しかし、すでに明らかにしてきたように、『道草』の視点はその自己をはるかに超えている。と言っても別に彼の人生がにわかに変わるわけではない。これまでと同じことを繰り返すだけなのだが、すでにそれは立派な自己実現の過程になっているのだ。島田たちの出現で道草を食わされた健三は、それによって自己実現の過程を歩むことになった、と言えるのではなかろうか。

（引用は、岩波文庫『道草』から）

あとがき

中年とは魅力に満ちた時期である。それは強烈な二律背反によって支えられているように思う。男と女、老と若、善と悪。数えたててゆくと切りがないが、安定と不安定という軸でみると、これほど安定して見えながら、内面に一触即発の危機をかかえているように感じられる時期はないだろう。

ある心理学の学会で中年のことがシンポジウムで取りあげられ、筆者も参加した。職業、家庭、社会的地位などの観点から統計的調査をした学者は中年がいかに「安定」した時期であるかを強調し、中年の人々の心の深層にかかわる研究をしている学者は、それが重大な「危機《クライシス》」であることを強調した。実はそのどちらも正しいというのが実状ではなかろうか。

そのような意味で「中年の危機《クライシス》」を論じる本書のような企画を、「月刊Ａｓａｈ

i」編集部の中村謙、坂本弘子の両氏がたてられた。筆者は児童文学は割に読んでいるが、小説はあまり読まないので簡単には乗る気になれなかった。しかし、一年以上にもわたる両氏の熱心な勧誘と準備に応えて、とうとう重い腰をあげることになった。そこで、何と言ってもどのような文学作品を選ぶかが大きい課題であった。この点については、国際日本文化研究センター助教授の鈴木貞美さんにも御援助をお願いして、推薦された小説を読み、そのなかから「はじめに」に書いたように、筆者のまったくの主観的判断によって選ぶことにした。

本書は「月刊Ａｓａｈｉ」の一九九二年一月号より十二月号まで連載したものに、「はじめに」の部分や、その他少しの訂正加筆をほどこし、配列順を変更した。連載中は、毎回紙面を飾って下さった司修さんの力によっても大いに支えられて仕事をすることができた。司さんがどのような絵をつけられるのか楽しみであったし、それによって連載を続けてゆくエネルギーをいただいたと感じるときもあった。司さんには本書の装幀までお願いすることになった。ここに厚くお礼を申しあげたい。

児童文学の場合は、子どもの透《す》んだ眼で見たことがそのものズバリと書かれているので、人生の本質ともいうべきものが非常に見えやすく、それについて書くのにあまり苦労をしない。ところが「大人」の文学の方は、いろいろな飾りものや、まじりものがあって、なかなか本質が見えにくいし、それらも錯綜している。考えてみると、飾りものやまじりものと見えるものこそが人生だ、とも言えるのだが、いわゆる「心理のあや」とか「どろどろとした人間関係」などというのは、相談室の方で毎度体験していることなので、それがうまく表現されていたとしてもあまり感心することもなかった。それで私なりの好みに従って書物を選び、思いつくままを書かせていただいた。それにしても、勝手なことを書いて作者や作品について失礼なこともあっただろう。その点は御寛容のほどをお願いしたい。

本書を書物として出版するに当たっては、朝日新聞社書籍第一編集室の矢坂美紀子さんに格別のお世話になった。ここに心からお礼申しあげる。

一九九三年二月一日

河合隼雄

巻末エッセイ

おとな

養老孟司

河合さんにお会いすると、いつでも「おとな」という印象を受ける。私が「子ども」だということもあるだろうが、それだけではない。この場合の「おとな」とは、『広辞苑』を例にとれば、「中・近世、村落の代表者、また、実力者。乙名百姓。年寄。宿老。」といった感じである。大げさにいえば、「日本のおとな」であろう。

いろいろ違いはあるけれども、河合さんの世代、さらに京都という土地が、こういう乙名百姓を出す培地《ばいち》なのかもしれない。同時期に京都大学におられた数学の森毅さんも、別な乙名百姓である。こちらもお会いするたびにそう思う。

関東という土地はどうもこういう人たちを出さない。そういう感じがする。その本質が重層的であるような文化というもの、それが関東にはいささか欠けているのである。関東人はいくら金を持とうが、基本的に貧乏人の性癖を残しており、どことなく乱暴で直線的である。前の戦争で大阪が焼け野原になったのを見て、京都の人が「東京ではじめた戦争で、とうとうこんなことになって」と嘆いたという話がある。私は年齢を重ねるにつれて日本も広いと思うようになったが、そのなかでも関東と関西の違いは、やはりたしかに大きいらしい。

関東の小説家というなら、私の頭にたちまち浮かぶのは、三島由紀夫、石原慎太郎、深沢七郎などであり、どう考えたって、これはどこか文化的ではない。河合さんの逆の存在をいうなら、以前テレビ番組にあった『木枯し紋次郎』である。どこが逆かというと、その説明はできない。強いていえば、紋次郎は「あっしにはかかわりのねェことで」といいつつ気持も身体も徹底的に関わることになり、河合さんは患者さんにいちおう仕事で関わりながら、腹の底ではむしろ「紋次郎」を演じるということであろう。「紋次郎」は関東的で、要するに関東人は屈折したとしても、たかだかああなのである。そこがアメリカ文化と平仄《ひょうそく》が合うところなのであろう。考えてみれば、江戸という町の歴史は四百年、おおかたのアメリカの町よりは古いかもしれないが、五十歩百歩であろう。京都は千年、それなら関東はまだ「紋次郎」でいいわけである。

河合さんは本読みの達人である。『書物との対話』（潮出版社）という本もあって、読書がみごとな芸になっているのがわかる。

『中年クライシス』という本は、私はいつもの習慣で横須賀線の中ではじめて読んだ。感心しながら引き込まれたから、そのときのことをよく記憶している。山田太一氏の『異人たちとの夏』の解説などは、解説にあまりに感激したので、肝心の原作を読む気がなくなってしまった。こういうみごとな解説は、ある意味ではよくない。あらかじめ小説を読んだ人しか、読んではいけない解説なのである。山田氏の小説が、解説ほどでなかったらどうしよう。私はついそう思ってしまったのである。

「トポスを見いだし、そのトポスとの関連で『私』を定位できるとき、その人の独自性は強固なものとなる。そのようなことができてこそ、人間は一回限りの人生を安心して終えることができるのではなかろうか。老いや死を迎える前の中年の仕事として、このことがあると思われる。」

この文章の内容も、最初に読んだときに頭に入ってしまったのだが、引用しようと思ったら、この本が見つからなくなったことがある。そのままうろ覚えで内容だけ引用してしまった。この文章に出会うまで、こういう内容を意識したことは、私にはない。しかし中年の定義としても、みごとなものだと感じられる。そう思わない人は、たぶんまだ中年ではないのである。

本間洋平の『家族ゲーム』の解説には、「ワイルドネス」という表題が付されている。私はこれを「自然」と呼んでいる。この解説のなかにある「こうすればこうなる」という表現は、私が講演で年中使っている「ああすれば、こうなる」が現代人のもっぱらの生き方だという内容と、ほとんど重なっている。この部分を読みながら、まさに飛び上がった覚えがある。ひょっとすると、私が河合さんから盗んで、それを忘れているのかもしれない。そう思ったのである。仮にそうだとしても、「おとな」はニコニコして許してくださるであろう。

河合さんのもう一つの印象は、駄洒落である。もう一人、会えば駄洒落ばかりいうのは荻野アンナ氏だが、アンナ氏の駄洒落が文字通りの駄洒落、いうなれば関東風の直線的な駄洒落そのものであるのに対して、河合さんの駄洒落は落語のオチ風である。どの駄洒落も一応の物語を構成しているからである。駄洒落からすれば、河合さんのほうが作家ではないのかと思ってしまう。なぜ河合さんはよく冗談をいうのか。あの人はネクラなのかしらと呟いたら、隣にいた知り合いがそれはそうだよ、仕事が大変に違いないもの、といった。

（ようろう・たけし　解剖学者）

解説

中年クライシスと物語

河合俊雄

本書は、「はじめに」にもあるように、一章ごとにひとつの日本の文学作品を取り上げて、そこに現れてくる中年期の問題に焦点を当てている。その意味で、これは中年期やその心理学的な問題を体系的に論じたものでもないし、文学作品を解釈したものでもない。それでは本書はいったいどのような方法論に基づいていて、その魅力は何なのであろうか。

河合隼雄も筆者も心理療法を専門としているが、心理療法家にとって、ひとつの治療プロセスを子細に検討する事例研究や事例検討会は研鑽のための非常に大切な方法である。そもそも学会での短時間での発表をやめて、心理臨床学会などで一時間の詳細な事例発表、その後の一時間のディスカッションという方法を導入したのが河合隼雄である。つまり心理療法においては、提示された何かの方法や視点を客観的に学ぼうとしてもあまり効果がなく、クライエントの、そしてセラピストの語る一人の個人の物語に自分の関わってきた事例を主体的に重ね合わせつつ聴き、共感することによって、はじめて学ぶことができ、また学術的な進歩もあるのである。これが個別でありながら普遍的なものに通じる、あるいは個別のものが響き合うおもしろさである。その際にどのように個別の事例のインパクトを感じ取り、それに対してどのようにコメントするのかが重要になる。理論を当てはめようとしてもうまくいかず、その個別の物語をつかむことが大切になる。河合隼雄において、「物語」というのが非常に重要なキーワードとなるゆえんである。

河合隼雄はその個別の物語を理解し、それを解き明かしてコメントして言語化することに非常に長けていたと思われる。そして本書は、河合隼雄がいわば十二の事例にコメントしたものであり、そこでは河合隼雄が自分の体験や、臨床での体験を重ね合わせつつ、見事な読みと視点を提供している。個々の小説世界と、その解き明かしは本当に興味深い。われわれもそれに自分の人生の体験を重ね合わせて読んでこそ、本書は意味のあるものになるであろう。

本書のテーマは中年である。確かにその視点を中心にして読み解こうとしているのであるが、個々の小説に沿っていこうとすると、ときどき中年というテーマがメインでなくなったり、違う視点が重要になったりする。たとえば、第四章で取り上げられている大江健三郎の『人生の親戚』において、主人公のまり恵の長男は知的障害で、次男は交通事故で下半身不随になっているが、それに対して河合隼雄は、まり恵の心の傷を「現代人の傷」とみなす。つまり頭脳と身体にそれぞれ障害を持つ二人は、「頭脳と身体とが分断され、その統合をはかることの困難さ」を示しているのである。

そうすると個々の論点はおもしろいが、本書を貫いている眼目が何なのかがわかりにくくなる。しかし筆者からすると、この本で中心となっているのは、最初に取り上げた漱石の『門』に関して出てくる「潜在するX」というものである。夫婦間の問題を、誰の何が悪いというような原因と結果から考えようという思考パターンに、河合隼雄は強く異を唱える。そこで出てくるのが「X」である。

「問題は原因—結果などと、論理的、継時的な筋道によっては把握できないところに、その本質があることとなのだ。夫婦になったというその途端に、そこに潜在するX。それが原因と言いたければ原因なのである」

これは大江健三郎の『人生の親戚』に関しては、名づけられないような「アレとソレ」として出てくる。『人生の親戚』において、主人公のまり恵は知的障害の長男と交通事故で下半身不随になっている次男の二人を自殺で失ったが、その痛ましい事件が「アレ」と呼ばれている。河合隼雄はフロイトが無意識をエス（それ）と名づけたことを関係づけているのである。本書は、この何かわからないものについての苦闘として中年を、そして人生を描いているように思える。それは最終章に取り上げる漱石の『道草』において「自分の人生の背後にあって、どうしようもないこの過程を押しすすめているのは、『必竟誰なのだ』」という問いとして結実する。

この何かわからないものは主に夫婦関係を中心とする人間関係の間に出てくるのが興味深く、また自分にとっての異分子であり、他者である。しかしそのような他者が現れてくるためには、私という存在がある程度はっきりとしている必要がある。だから河合隼雄は中年を「自分という存在に目を向ける」とか「「私」の発見」として位置づけるのである。それは私を包むような全体的な場所としての「トポス」につながっていく（第九章）。夢幻能において、前段で諸国一見の僧がその土地の誰かに出会うのも、後段でシテが舞うのも同じ場所を舞台としているように、トポスは非常に重層的なのである。臨床家として多くの苦闘につき合ってきた河合隼雄による人生の謎をめぐる格闘の解き明かしは迫力があり、そのつどハッとさせるものがある。本書では何かわからないXは、夫婦関係の間に出てくる例が多い。そこには心理療法においてクライエントとの間に存在する謎のXと取り組んできた経験が生かされているのが感じられる。

しかし、にもかかわらず、筆者はここで選ばれている小説の、そして河合隼雄の時代性も感じる。河合隼雄の学んだ西洋のユング心理学におけるわかりやすい人生後半のゴールは結合であり、それはしばしば無意識に現れてくる異性像との結合として理解されている。あるいは人生の前半で無意識から自立し、現実的な成果を成し遂げてきた意識的な自我が、再び無意識につながり、深層の真の自己に到達することとして考えられている。しかし日本で心理療法に従事するうちに、河合隼雄はいわゆる自己実現なるものはそのように単純ではなく、ゴールは実体化できないことに思い至る。そもそも日本人は自分がはっきりしないから、それに向かい合うものもはっきりとせず、ゴールもわかりにくい。その結果として出てくるのが、「潜在するX」であり、「アレとソレ」であり、「必竟誰なのだ」という問いである。つまり何かはっきりとした目標ではなくて、何かわからない謎をめぐることになる。

しかし「私」や「自分」、さらには「トポス」が強調されるように、ここにはわからないなりにもめぐることのできる定点がまだ存在し、そのような定点すらなくしてしまったかもしれない現代との大きな違いがある。現代において、固定した「自分」

は失われてしまったようである。たとえばネットでは全く異なるハンドルネームを名のることが可能であり、年齢、性別は簡単に越えられてしまう。従って、簡単に別の自分になることが可能になるなかで、自分探しをすることも意味がなくなる。

自分が失われるのと同時に、固定した関係も失われやすくなっていっている。いつも彼女と別れたり、離婚したりしている村上春樹の多くの作品における主人公のようである。それとは対照的に、本書で取り上げられている小説の多くに特徴的なのは、関係が切れそうになっても元の関係に戻ることである。たとえば第三章の広津和郎の『神経病時代』において、主人公の鈴本は離婚して再出発することを決意するが、そのタイミングで妻のよし子は妊娠したことを告げ、小説はそこで終わっているが、二人は別れないようなのである。佐藤愛子の『凪の光景』では、信子は自由に振る舞いはじめ、離婚をつきつける。しかし、若い浩介とぎりぎりのところで関係を持たず、夫との関係に戻ることになるのである。これは、否定的に言うと、人びとは逃れられない関係に縛られていたということであるし、肯定的に言うと、全体を包んでくれるトポスが存在したということである。そしてそのような目に見えない制限があって葛藤し、また全体を包む場があるからこそ、作品中の心理的なドラマが深められることが可能であったと思われる。これは心理療法が、時間、場所などの制限があるから成り立つのと似ているかもしれない。現代においては、自分だけではなくて、さらにはトポスも失われつつあるようである。だからこそ巡礼ブームのように、トポスを求めての動きも生じてくると思われる。しかしこれは、われわれが何らかのトポスなしに成立しないということの証かもしれないのである。

本書のもととなる各章が「月刊Ａｓａｈｉ」に連載されたのは一九九二年で、その後河合隼雄は一九九四年にプリンストン大学で客員研究員となり、そこで村上春樹に出会う。近代人の葛藤と向かい合ってきて、そこからポストモダンや中世の世界に開かれていった河合隼雄と、デタッチメントの世界から『ねじまき鳥クロニクル』のコミットメントへと移っていこうとしていた村上春樹が交差し、出会うのである。それは二人の対談『村上春樹、河合隼雄に会いにいく』として結実する。村上春樹の場合では、初期の作品のように人や社会と関わらないというデタッチメントのあり方をしていた主人公が、『ねじまき鳥クロニクル』のように、社会の悪やシステムと戦ったり、失踪した妻をなんとしても見つけようとしたりして、コミット（関わり）を求めていく。『ねじまき鳥クロニクル』、『海辺のカフカ』などを著作で好意的に取り上げているように、それが河合隼雄の中に共鳴していく。それに対して、近代人の葛藤を描いている本書は、その前夜となると言えるし、また中年を扱うために用いた近現代の小説の影響を大きく受けていると言えよう。

（かわい・としお　臨床心理学者・京都大学こころの未来研究センター教授）

本文校訂について

1、原則として、原文を尊重した。ただし、明らかな誤表現は、著作権者の承諾を得て訂正あるいは削除した。
2、送り仮名は、一九八一年の内閣告示に基づく「送り仮名の付け方」に拠らず、作者の表記法を尊重して、みだりに送らない。
3、振り仮名については、編集部の判断で適宜、加筆ないし削除した。

中年危機《ちゅうねんきき》　朝日文庫

2020年９月30日　第１刷発行

著　者　河合隼雄《かわいはやお》

発行者　三宮博信
発行所　朝日新聞出版
〒104-8011　東京都中央区築地5-3-2
電話　03-5541-8832（編集）
03-5540-7793（販売）

印刷製本　大日本印刷株式会社

© 1993 Kawai Hayao Foundation
Published in Japan by Asahi Shimbun Publications Inc.
定価はカバーに表示してあります

ISBN978-4-02-262027-9

落丁・乱丁の場合は弊社業務部（電話03-5540-7800）へご連絡ください。
送料弊社負担にてお取り替えいたします。

河合 隼雄
Q&Aこころの子育て
誕生から思春期までの48章

誕生から思春期までの子育ての悩みや不安に、臨床心理学の第一人者・河合隼雄がやさしく答える一冊。

河合 隼雄
大人の友情

人生を深く温かく支える「友情」を、臨床心理学の第一人者が豊富な臨床例と文学作品からときほぐす、大人のための画期的な友情論。

河合 隼雄／鷲田 清一
臨床とことば

臨床心理学者と臨床哲学者、偉大なる二人の臨床家によるダイアローグ。心理学と哲学のあわいに「臨床の知」を探る！《解説・鎌田 實》

河合 隼雄
新装版 おはなしの知恵

桃太郎と家庭内暴力、白雪姫に見る母と娘。「おはなし」に秘められた深い知恵を読み解く、河合隼雄のおはなし論決定版！《解説・小川洋子》

細川 貂々《てんてん》／大野 裕
ツレと貂々、うつの先生に会いに行く

「うつって何なの?」「何が原因なの?」うつ病が寛解したツレさんと見守っていた貂々さんが改めて精神科医の大野先生に聞くイラストエッセイ。

丁《てい》 宗鐵《むねてつ》／南 伸坊
丁先生、漢方って、おもしろいです。

病気や体についての南さんの質問に丁先生が縦横無尽に答える。漢方が西洋医学に敗けたワケから梅毒文化論まで漢方個人授業。《解説・呉 智英》

高橋　源一郎
非常時のことば
震災の後で

「3・11」以降、ことばはどう変わったのか？詩や小説、政治家の演説などからことばの本質に迫る、文章教室特別編。《解説・荻上チキ》

根本　橘夫
「心配でたまらない」が消える心理学

モヤモヤした不安がスーッと消える！　未来はなぜ怖いのだろう。その理由は自分の深層心理にあった。根拠のない心配事に打ち克つレッスン。

國分　功一郎
哲学の先生と人生の話をしよう

親が生活費を送らない、自分に嘘をつくって？「哲学は人生論である」と説く哲学者が三四の相談に立ち向かう。《解説・千葉雅也》

伊藤　比呂美
読み解き「般若心経」

死に逝く母、残される父の孤独、看取る娘の苦悩。苦しみの生活から向かうお経には、心を支える言葉が満ちている。《解説・山折哲雄》

中島　岳志
ガンディーに訊け

「歩く」「食べない」「（糸車を）回す」という非戦主義者ガンディーのメッセージを独自の視点で読み解く。禅僧・南直哉氏との対談も収録。

渡辺　和子
スミレのように踏まれて香る

心を癒やす愛の力とは、女性らしさとは、しあわせとは何か……やさしくも力強い言葉で語りかける、ノートルダム清心学園理事長の第一著作集。

信田　さよ子
共依存
苦しいけれど、離れられない

愛という名のもとに隠れた支配「共依存」の罠を解明し、引きこもり、アルコール依存症、DVに悩む家族を解決へと導く。《解説・熊谷晋一郎》

信田　さよ子
あなたの悩みにおこたえしましょう

結婚への不安、DV被害、親子関係、依存症……。人生のさまざまな悩みに、ベテランカウンセラーがQ&A方式で対応策を提示。《解説・酒井順子》

瀬戸内　寂聴
老いを照らす

美しく老い、美しく死ぬために、人はどう生きればよいのか。聞くだけで心がすっと軽くなる寂聴尼の法話・講演傑作選。《解説・井上荒野》

枡野《ますの》　俊明《しゅんみょう》
禅の作法に学ぶ　美しい働き方とゆたかな人生

「ためない」「探さない」「常に備える」「無心になって人と向き合う」など、禅の作法を仕事に取り入れて、自分らしく生きるための方法を説く。

枡野《ますの》　俊明《しゅんみょう》
禅の言葉に学ぶ　ていねいな暮らしと美しい人生

『ニューズウィーク日本版』で「世界が尊敬する日本人一〇〇人」に選ばれた著者が説く、禅の教えを日々に生かし、心豊かに生きる方法。

枡野《ますの》　俊明《しゅんみょう》
禅の教えに学ぶ　捨てる習慣と軽やかな人生

虚栄心や執着心から解放され、「引き算」の生き方を実践すれば、人生はより豊かになる。禅の「捨てる」思想を、生活に取り入れるコツを紹介。